乐高传
在危机中涅槃

［日］蛯谷敏 著
张文慧 译

中国科学技术出版社
·北京·

LEGO KYOSO NIMO MOHO NIMO MAKENAI SEKAIICHI BRAND NO
SODATEKATA by Satoshi Ebitani
Copyright © 2021 Satoshi Ebitani
Simplified Chinese translation copyright ©2022 by China Science and Technology Press
Co., Ltd.
All rights reserved.
Original Japanese language edition published by Diamond, Inc.
Simplified Chinese translation rights arranged with Diamond, Inc.
through Shanghai To-Asia Culture Communication Co., Ltd
北京市版权局著作权合同登记　图字：01-2022-2600。

图书在版编目（CIP）数据

乐高传：在危机中涅槃 /（日）蛯谷敏著；
张文慧译 . — 北京：中国科学技术出版社，
2023.4

ISBN 978-7-5046-9895-7

Ⅰ . ①乐… Ⅱ . ①蛯… ②张… Ⅲ . ①玩具—制造工业—工业企业—概况—丹麦 Ⅳ . ① F453.468

中国国家版本馆 CIP 数据核字（2023）第 031768 号

策划编辑	申永刚　赵　霞	责任编辑	赵　霞
封面设计	马筱琨	版式设计	蚂蚁设计
责任校对	焦　宁	责任印制	李晓霖

出　　版	中国科学技术出版社
发　　行	中国科学技术出版社有限公司发行部
地　　址	北京市海淀区中关村南大街 16 号
邮　　编	100081
发行电话	010-62173865
传　　真	010-62173081
网　　址	http://www.cspbooks.com.cn

开　　本	880mm×1230mm　1/32
字　　数	179 千字
印　　张	9.5
版　　次	2023 年 4 月第 1 版
印　　次	2023 年 4 月第 1 次印刷
印　　刷	北京盛通印刷股份有限公司
书　　号	ISBN 978-7-5046-9895-7/F・1091
定　　价	79.00 元

（凡购买本社图书，如有缺页、倒页、脱页者，本社发行部负责调换）

2021年在创业之地丹麦比隆竣工的乐高公司新总部。在这片面积达 54 000 平方米的土地上，还建有福利设施等区域，约有 2000 名职工在此工作。其独特的外观犹如乐高积木般吸引眼球[①]

图为乐高公司总部办公室，里面到处都摆放着乐高作品，内部设计旨在激发员工的工作动力和游戏之心

① 文前彩插图片均已获得乐高公司授权，应版权方要求，在此标注。——编者注

为了让员工能够更加主动地工作,新总部原则上没有固定的员工工位,而是把在哪个地方工作的决定权交给员工

乐高公司尊重员工的健康生活(身心充实)方式,为员工提供各项福利

从独特的墙面便能看出这是乐高公司的办公大楼

位于丹麦比隆总部附近的科恩马肯工厂。该工厂除圣诞节外，364天24小时运转。此外，乐高公司还在中国、匈牙利、墨西哥和捷克设有生产基地

乐高工厂的生产已基本实现自动化。图中的机器人将成型机制造的积木运送到仓库

为了使积木之间严丝合缝,积木需要精确到 0.005 毫米。照片所示的是测算积木质量的机器

保存成型积木的仓库,有 20 多米高

2017年开设的"乐高屋"的馆内场景。该馆以"积木之家"为理念,提供了各种可以体验乐高积木传承的游戏哲学的场所

扎根在乐高公司的温室中央的"创造力之树"。其高度超过 15 米,由 6 316 611 块乐高积木制作而成,象征乐高建造者们的无限可能

用乐高积木制作的3头巨型恐龙,是"乐高屋"的代表性艺术品

玩家一边试错一边组装积木,从过程中学习、收获。乐高积木是培养创造性思维的代表性工具

在推进娱乐数字化的同时,乐高公司也十分重视实体店给顾客们带来的真实体验感。截至 2020 年,乐高公司在全球共有 678 家门店

即使在网购流行的当下,门店内的真实体验依然有着重要的影响。在乐高品牌尚未渗透的一些国家和地区,实体店的存在显得尤为重要

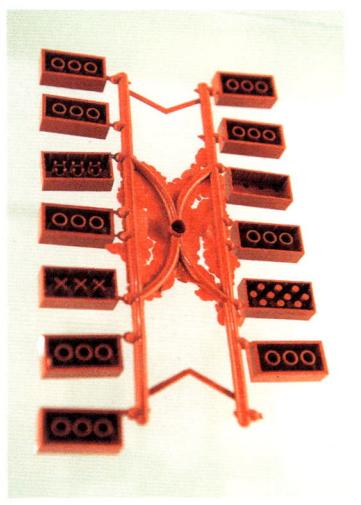 

在塑料积木块开发初期,为了让积木块之间结合得更加牢固,乐高积木开发者尝试过各种办法

在塑料积木块之前,木制的小鸭子牵拉玩具曾是最受欢迎的乐高产品

无论是从前的木制牵拉玩具还是如今的塑料积木块,小鸭子已成为乐高积木的代表性玩具之一

1949年，乐高公司制造出了第一代塑料积木块，被称为"自动装订积木"。这款积木的侧面有缺口，内侧空洞无插管，后于1953年改名为"乐高积木"

1978年推出的游戏主题系列帮助乐高公司成功地打开游戏世界的大门。"城堡系列""宇宙系列""城镇系列"纷纷成为大热产品，给孩子们创造了可以投入创作的世界

图为在前期与"城堡系列"并列人气的"宇宙系列"。其中的迷你宇宙飞行员手办,后来成为 2014 年上映的《乐高大电影》中的主角之一

2008 年开始发售的"乐高建筑系列"源于乐高积木粉丝的创意想法

2017年推出的"乐高编程机器人"可通过平板电脑或智能手机里的应用程序操作,一边编程一边让积木动起来

图为1998年,乐高公司与美国麻省理工学院(MIT)媒体实验室共同研究推出的"乐高头脑风暴"系列。可通过编程语言操作该产品,如今依然十分受欢迎,并被教育机构用作教材

2015年6月，乐高公司表示，计划在2030年前将用于积木的塑料原料全部替换为可再生材料。这是一项投资10亿丹麦克朗的大型项目，新材料的研发至今仍在进行

2018年，乐高公司发布首个新材料的研发成果——用源自植物的塑料制成的植物零件

乐高公司创始人奥莱·柯克·克里斯蒂安森。他曾在比隆经营着一家小家具作坊，1929年世界经济大萧条后他开始制造儿童玩具，由此拉开了乐高积木诞生和发展的序幕

乐高公司第二代领导人戈德弗雷德·柯克·克里斯蒂安森。他提出了什么都可以制作的乐高积木游戏概念

乐高集团第三代领导人克伊尔德·柯克·克里斯蒂安森。他作为乐高集团的中兴之祖,向世界展示了乐高积木的魅力

乐高集团第四代领导人托马斯·柯克·克里斯蒂安森。他从第三代手中接过接力棒,逐渐成为乐高集团的脸面人物

2014年，约恩·维格·克努德斯托普出任乐高集团首席执行官。他被誉为拯救乐高集团经营危机的大功臣

2017年，尼尔斯·克里斯蒂安森出任乐高集团首席执行官。在"给予灵感，孕育未来的建造者"的使命下，他推进注重企业价值的经营管理方式

目录

序　章
乐高积木所不为人知的影响力　|　001

对谷歌公司和丰田汽车公司的影响 / 002

让创意成形之外的价值 / 005

答案不是唯一的 / 007

拥有百余年历史的非上市企业 / 009

销售规模 10 年增长约 3 倍 / 010

你辞职的话，公司会失去什么？/ 012

人类将成为通用产品 / 013

重新审视自己的价值 / 015

度过第二次危机 / 017

乐高公司与日本的不解之缘 / 018

第 1 章
超越 GAFA 的效率经营，延续价值的 4 个条件　|　021

面对新冠肺炎疫情，乐高公司依然创造最高利润 / 022

提高非凡的经营效率 / 024

在危机中实现涅槃 / 030

持续产出价值的 4 个条件 / 036

第 2 章
无人玩乐高，身陷创新的囹圄 | 039

始于木工玩具的乐高公司历史 / 041

孩子们有自己的玩法 / 043

接受游戏的自由度 / 045

打造具有世界观的游戏主题 / 046

专利到期后直面的危机 / 048

被电子游戏抢走了孩子 / 049

只靠积木是没法吸引关注的 / 050

孩子们总会回来的 / 052

第 3 章
"乐高星球大战"的功过，因放弃积木而失去的竞争力 | 055

最难的问题：指定接班人 / 056

是内部提拔还是外部招聘？ / 058

公司内部没有危机感 / 059

重建者 / 060

处在风口浪尖的积木价值 / 062

从服装到露营用品 / 063

目录

"乐高星球大战"的诞生 / 064

开发没有乐高特色的乐高积木 / 066

改革带来的功过 / 067

"这不是我认识的乐高" / 069

无法统揽的乐高公司 / 070

错误的改革顺序 / 071

差点要卖掉自己的乐高公司 / 072

第 4 章
创新源于约束,绝境中的重建 | 075

拥有教师资格证的前麦肯锡顾问 / 077

濒临破产的乐高公司 / 078

这个年轻人能担负起复兴乐高公司的重任吗? / 079

以生存为先 / 081

裁员三分之一 / 082

明确规定重建期限 / 084

乐高积木就像是一本乐谱 / 085

只做积木的开发和制造 / 087

被故事吸引的孩子们 / 088

开发周期短也能做出好产品 / 089

构建持续热销的机制 / 091

《乐高大电影》隐藏的目标 / 093

"乐高超级马里奥"大热的原因 / 094

细节上的改进也是一种创新 / 096

积累知识和经验 / 098

改变设计师的意识 / 099

正因为有限制，才能诞生创意 / 101

革新供应链 / 103

摒弃漏洞百出的供应系统 / 105

终于开始重新定义公司理念 / 106

采访　约恩·维格·克努德斯托普（乐高集团总裁）：
　　　为了应对变化而重新审视公司的价值 / 109

第 5 章
粉丝知道热销的关键是什么 ｜ 119

展现海洋的美好 / 121

来自全球乐高积木粉丝的反响 / 123

粉丝的智慧也是价值所在 / 124

人人都能成为设计师的时代 / 125

创新矩阵的缺陷 / 127

在电脑上组装喜欢的乐高模样 / 128

创意难以成为事业 / 129

与日本企业家的邂逅 / 131

用户创意征集机制 / 133

很快就找出问题 / 134

发掘"我的世界" / 136

与粉丝共创的"乐高机器人" / 138

给予改进软件的权力 / 141

邀请粉丝参与产品开发 / 142

把世界著名建筑变成乐高作品 / 144

培养穿透式用户 / 147

站在粉丝金字塔层顶端的日本人 / 148

组合生产技术成为竞争的主战场 / 151

从培养领先用户入手 / 152

采访　埃利克·范·希佩尔（美国哈佛大学管理学院教授、美国麻省理工学院斯隆管理学院教授）：乐高公司对用户创新的觉悟还不够 / 154

第 6 章
培育人工智能时代的技能，通过游戏学到的创造性思维 | 161

遇见麻省理工学院媒体实验室的知名教授 / 162

授之以鱼不如授之以渔 / 163

与乐高合作研究的成果 / 165

通过组装培养的创造性思维能力 / 167

让组装者进入深层学习的状态 / 169

解放人类的创造性思维 / 171

应运而生的编程语言"Scratch" / 173

成为编程教材的标准 / 174

采访　米切尔·雷斯尼克（美国麻省理工学院媒体实验室教授）：通过乐高，可以深入地提高创造性思维 / 176

第 7 章
为企业制定战略的乐高公司，经营危机中催生的"乐高认真玩" | 183

使概念和想法成形 / 187

探求组织应该遵从的规律 / 188

战略制定就是确定判断标准 / 190

答案已在自己心中 / 192

危机中催生的"乐高认真玩" / 193

采访　罗伯特·拉斯穆森（"乐高认真玩"大师培训协会联合代表）：乐高积木解放大人的创造力 / 196

第 8 章
不断思考公司存在的意义是可持续经营的真谛 | 201

投资风电场的目的 / 202

加快投资可持续发展 / 203

摆脱塑料积木的决心 / 205

前所未闻的工程 / 206

由可再生材料制成的乐高植物 / 207

统一公司的发展目标 / 209

使公司职员享有自主权 / 212

缺失归属感的挑战 / 214

创建社区 / 215

反复传播公司价值 / 216

第 9 章
危机再袭,无止境地试错 | 219

儿童的新天堂 / 221

13 年来首次遭遇减收减利的冲击 / 223

发展过程中产生的问题 / 224

歌颂乐高公司的时代已经结束了 / 227

新任首席执行官在 8 个月后卸任 / 228

深谙大企业运作之道的人物 / 229

为再次崛起调整体制 / 231

打入中国市场是乐高发展的动力 / 233

增设可以体验乐高的直营店 / 234

瞄准数字科技的全新游戏体验 / 236

能否继续突破创新？ / 237

采访　尼尔斯·克里斯蒂安森（乐高集团首席执行官）：持续创造边玩边学的企业文化 / 241

第 10 章
持续产出价值的公司条件 | 247

被质疑的企业价值 / 249

不知道正确答案的时代起点 / 252

劳动者的意识有了很大的变化 / 253

从生产型组织转变为创造型组织 / 254

找出企业之"根" / 257

人工智能时代下的人类价值是什么？ / 259

第 11 章
潜入乐高工厂！实现超高效经营的乐高"心脏" | 261

新产品只是改变了积木的组合 / 263

1 小时生产 400 万件 / 263

由 800 台成型机制造 / 266

由大型仓库管理积木 / 268

附录　乐高公司年表　| 271

后记　| 273

由 6 块乐高积木块拼成的鸭子,展现出乐高积木的多样魅力

序　章

乐高积木所不为人知的影响力

本书是对世界知名品牌乐高（LEGO）的强大之处的研究。回望乐高公司波澜壮阔的经营之路，我尽可能具体地描述乐高公司探索自身价值的过程，并重点探究乐高为何具有竞争力这一问题。

这一过程虽充满了戏剧性，却也道尽了企业竞争力的本质，对每天都在竞争中寻找自身优势的企业经营者和商务人士来说，定会有所启发。

拿着这本书的你，也许并不想听书中对乐高公司的详细说明，然而乐高公司的这些五颜六色的塑料积木，至今仍受到各年龄段人们的喜爱。实际上，这个小小的积木玩具不仅影响着孩子们，还以各种各样的形式影响着一些世界知名企业和在这些企业里工作的大人们。

对谷歌公司和丰田汽车公司的影响

例如，以创新闻名的顶级企业谷歌。

很多人都不知道，谷歌公司的"Google"这一标志所使用的四种颜色中，红、蓝、黄三原色的灵感其实来自乐高公司的基础积木。

乐高积木是解放创造力的绝佳工具。

谷歌公司的创始人谢尔盖·布林和拉里·佩奇是公认的乐高积木忠实粉丝。在斯坦福大学创业时，他们就会一边摆弄乐高，一边构思谷歌公司的新业务。

在不断推出划时代的服务之下，谷歌从硅谷的一家小型创业公司一跃成为世界知名企业，2015年更是转变经营体制，成为控股公司——字母表（Alphabet）公司旗下的全资子公司。如今，谷歌公司已成为一个大型的综合企业，其业务还涉及自动驾驶、医疗等领域，为了让员工时刻铭记创造精神，谷歌公司还在世界各地的办公室里备有乐高积木，为员工们开设了乐高积木工作坊等。

"没有乐高积木，就没有今天的谷歌公司"虽这句话有些言之为过，但如果没有乐高积木，谷歌公司的一些卓越服务就可能不存在于这世上了。在2014年，谷歌公司实现了与乐高公司的合作。

2020年，丰田汽车公司时隔五年再次登上世界汽车销量第一的宝座。

丰田汽车公司此次之所以能回归霸主地位，就是因为在汽车制造上仿效乐高积木，运用了零件组装汽车的模块生产法。

在汽车行业里，许多企业一般都采用将已开发好的底盘、发动机、传动系统等零件像支架一样组合在一起，实现有效生产不同车种的生产方式。这种方式被称为"乐高模式"，与日本制造商一直以来引以为傲的工匠技术如出一辙。

在2010年上半年，丰田汽车公司的竞争对手德国大众汽车集团就率先引进了这一生产方式。

以"乐高模式"为武器猛追丰田汽车公司的德国大众汽车集团，就因此曾一度成为世界汽车销量冠军，但丰田汽车公司也从2015年开始正式导入模块生产，之后于2020年成功夺回了王座。

虽然如今竞争的焦点正慢慢地转移到电动汽车上，但将电池和发动机像积木一样组合在一起的生产方法也逐渐成为电动汽车生产方式的主流。

除了汽车领域的课程，编程课程已成为日本小学的必修课。在这一领域里，乐高积木也显示出了不小的存在感。在儿童编程教育中，"Scratch"语言就十分受孩子们的欢迎，其诞生与乐高积木有着深厚的关系。

"Scratch"语言的基本概念是像搭积木一样编写程序，它从乐高积木中得到了很大的灵感。

免费公开该语言的美国麻省理工学院媒体实验室教授、被誉为"Scratch之父"的米切尔·雷斯尼克如是说道。现在，他也和乐高公司共同进行有关下一代教育的各种研究。

2000年以后，乐高积木作为解放创造力的工具，在人才开发的领域上备受瞩目。

像互联网和人工智能（AI）的发展就自不必说了，随着一大堆令人眼花缭乱的技术进化，人们已经掌握的技能很快就成为过去式。为了应对风云莫测的未来，我们不应该将过去积累的知识生硬地灌入大脑，而应该自主思考并掌握必要的知识。在面对预想之外的问题时，我们需要有自己寻找解决方案的创造性思考能力。

而乐高积木丰富多样的搭建方案很多能锻炼人们的创造性思维。人们可以以乐高积木为载体传授自身经验；研讨会上，用乐高积木传递自己的想法，使团队能够顺利交流；利用乐高积木制定企业战略项目……世界各地正在积极开展各种各样的乐高积木搭建活动。

乐高积木不仅帮助了顶尖互联网企业激发他们的创造性，还为汽车制造商提供最先进的生产方式，为编程教育和组织的活跃提供了良好的素材。

作为促进创新的工具，乐高积木渗透到了各种场景当中。

让创意成形之外的价值

乐高积木这种极其简单的玩具，为什么会以多样的形式影响着我们的社会呢？

原因之一就是，乐高积木的本质是将大脑中模糊存在的想法具体化的最佳手段。

2004年到2016年年底，约恩·维格·克努德斯托普担任乐高集团首席执行官（CEO），为了让大家切实感受到乐高积

乐高传
在危机中涅槃

木蕴含的可能性,他每次演讲都会有一个固定的环节。这个环节中会用到 4 块黄色、2 块红色的乐高积木。仅此而已。

演讲一开始,克努德斯托普会给每位听众一个装有乐高积木的袋子,然后这样说道:"袋子里有 6 块形状不同的乐高积木。请用这些乐高积木制作出一只鸭子。你们能做到吗?这是只属于你自己的鸭子。时间限制在 60 秒。准备,开始!"

图 1　用六块不同形状的乐高积木拼成的鸭子。虽然鸭子形状各异,但又都是很好的作品

乐高积木的组装方式没有任何的限制,但突然被邀请用乐高积木做鸭子的听众全都惊呆了,听到克努德斯托普的指示后,下面掀起了一阵骚动。

然而,听到"开始"的口令后,会场瞬间变得一片寂静,大家都开始默默地摆弄着这 6 块乐高积木。

这样的场面实在是很有意思。

会场的听众有的两眼放光，很快就组装出一只鸭子；有的歪着脑袋，将六块乐高积木组装了又拆，拆了又组装；有的则凝视着乐高积木陷入沉思之中……

听众忘记了时间，像孩子一样埋头组装。很快，60秒过去了。

"好，结束！"

台上的克努德斯托普一声令下的同时，场内又沸腾起来。听众一边互相展示自己组装好的鸭子，一边交流起来。会场变成了鸭子的品评会，顿时好不热闹。

克努德斯托普满意地环顾台下，看准时机后开口道："大家制作的鸭子大都形状各异。其他人的鸭子，或许对你来说不像鸭子。但是，每只又都是漂亮的鸭子。由此我们可以发现，人的想法是那么的丰富多样。"

答案不是唯一的

学校、企业、社会，还有人生……

在我们生活的世界里，人们常常会被要求去寻找"唯一的答案"。

在以往的学校教育中，也总是以问题有对应的标准答案为前提，谁回答得更快、回答得更准确，谁就会得到更高的评价。

但是，在现实世界中，一些横亘古今的难题很少有唯一的正确答案。很多时候，我们甚至不知道问题是什么。

发现问题，提出问题，在反复试错的过程中，用自己的头脑推导出答案。这种行为，体现了人类原本的价值。

正如鸭子的例子所示，问题和答案实际上因人而异，人越多，问题和答案越是不同。也就是，在互有差异的多样性中，隐匿着新的发现。

"乐高积木是一个很棒的玩具，但更重要的是，它还是引导、发掘人类各种想法和思考方式的工具。"

这么说着，克努德斯托普不由得挺起了胸膛。

大家可以看一下下图所示的 2×4 凸粒乐高积木。

图2 乐高 2×4 凸粒积木[①]

理论上，两凸粒积木的组合有 24 种形态，三凸粒积木的组合有 1060 种形态，六块积木的组合有 9 亿种形态。因此，听众中不可能制作出完全相同的鸭子。

近乎无限的乐高积木组合，因其高自由度的创作，激发出人们各种各样的想法。

---

① 该图片已获得乐高公司授权，应版权方要求，在此标注。——编者注

拥有百余年历史的非上市企业

说到底,这不过是在说明乐高积木的魅力。

那么,为什么乐高开发的积木会受到全世界如此多的消费者的欢迎呢?这是因为乐高公司持续创造出新的畅销商品,并不断地实现革新。

乐高公司是 1916 年在北欧丹麦的西部城市比隆诞生的一家非上市公司。1932 年,曾是木匠的乐高创始人奥莱·柯克·克里斯蒂安森开始制造并销售木制玩具,成了乐高玩具的创业开端,现在克里斯蒂安森家族仍持有乐高公司 75% 的股份。以积木的制造、开发为支柱,乐高历经了百余年的发展历史。

目前,乐高的家族控股和投资公司 "KIRKBI" 旗下有总管乐高玩具事业的乐高集团、乐高风投、乐高大学、推进乐高积木教育研究的乐高基金等企业群。其中,仅乐高集团的职员就超过两万人。

实际上,乐高积木的基本专利从 20 世纪 80 年代开始就在各国陆续到期。

所以现在,任何人都可以制造和销售与乐高积木完全相同的积木玩具。在 20 世纪 90 年代以后,相互竞争的玩具厂商便相继推出了比乐高积木更实惠、更兼容的积木。

一般来说,具有同样功能的产品,随着更多公司的涌入与竞争,最终会沦为通用产品,且价格会逐渐变得低廉。由于乐高积木的专利到期，生产积木玩具的公司进入市场的门槛降低了，谁都能制造出和乐高积木一样的商品，最终同行之间只能靠低廉的价格在市场上与其他商家进行竞争。

这样一来，大多数商家就会陷入不断降价的恶性竞争当中，使得产品最终面临淘汰或销量锐减的结局。半导体、家电、智能手机……过去很多产品都曾有过这样的经历。

销售规模 10 年增长约 3 倍

不过，乐高公司并没有陷入这样的瓶颈之中。

2020 年 12 月期的乐高公司财报中，乐高公司的年销售额为 436.56 亿丹麦克朗（约 7 596 亿日元，按 1 丹麦克朗 =17.4 日元换算，之后的汇率均以当年 12 月的汇率计算），营业利润为 129.12 亿丹麦克朗（约 2 247 亿日元）。销售额在过去 10 年间增加了约 3 倍，超过了以"芭比娃娃"闻名的美国美泰公司和以"大富翁"闻名的美国孩之宝公司，稳居世界玩具制造商第一的宝座。

作为一家玩具制造商，乐高公司之所以能有如此成果，是因为它将事业重心放在积木的开发、制造上，这样高效的经营模式也是它引以为豪的独特之处。

同年，乐高公司的销售额营业利润率达 29.6%。净资产收益率同比增长 43.4%。这个水平远远超过了其他玩具制造商。

序　章　乐高积木所不为人知的影响力

2020年以后，在新冠肺炎疫情的逆境之中，乐高公司的成长速度反而进一步地加快。虽然行业和规模各不相同，但此时的乐高甚至可以与GAFA（谷歌、苹果、脸书[①]、亚马逊）这四家互联网巨头匹敌。

随着事业的发展，乐高公司的品牌影响力也在不断提高，据美国调查公司发布的品牌信赖排行榜信息，乐高在2020年、2021年，连续两年位居该榜的榜首。

乐高公司在日本给人的印象是益智类玩具，但日本人在这20年里对乐高公司却有了很大的改观。

"乐高星球大战""乐高好友系列""乐高城市""乐高幻影忍者"等人气系列产品的出货数量年均超过350种。2020年与任天堂合作的"乐高超级马里奥"一经发售，便掀起了一股世界热潮。

此外，乐高公司还积极开发出各类新型游戏，如将乐高积木和编程结合起来的"乐高思维风暴""乐高Boost"以及用组装的积木拍摄出系列"乐高VIDIYO"等，实现了模拟与数字的创意结合。

深受各个年龄段人们喜爱的乐高，也有许多成人粉丝。用乐高积木组装出著名建筑的"乐高建筑"系列，能制作出画家安迪·沃霍尔等大家之作的"乐高艺术"等，乐高正不断进

[①]　脸书指Facebook，2021年更名为Meta。——编者注

行面向各个年龄段人们的产品开发。

除此之外，乐高公司还运营着"乐高创意"平台，以便向粉丝征集创意，通过人气投票将这些想法商品化。由此构筑了巧妙吸取用户智慧的运营机制。

近年来，乐高公司还积极建设在线社区平台，从 2017 年开始，面向儿童的乐高粉丝社交网络服务平台"乐高生活"，其手机应用程序的下载数量就达到了 590 万次。2019 年，乐高公司还收购了社区网站"Bricking"（积木链接），该平台拥有全球 100 万名以上的成人乐高积木粉丝。

乐高公司以世界知名品牌为杠杆，不断推出热销商品，用自己独特的方式拓展业务。这种强大的精髓，值得我们通过此书的正文进行深入学习。

具体内容就不在序章中赘述了，在此，我想稍微说明一下为什么我会对乐高公司感兴趣。

你辞职的话，公司会失去什么？

你的价值是什么？

如果这个问题让你有些不明所以，那么我们试着换个说法，也就是"如果你离开了自家公司，你的公司会失去什么？"

随着人工智能和机器人等的不断普及，以往由人承担的业务正逐渐被这些机器所替代。那么在人工智能时代，人类所具有的什么样的根本价值是不可被替代的呢？在当下社会，我们每个人无论喜欢与否，都得面对这个问题。

对于有 20 多年编辑记者工作经验的我来说，这也是一个与自身密切相关的问题。

如今，欧美的主要媒体早已实现数字化工作，并运用信息技术制作内容。人工智能技术融入了一线的编辑工作当中，以大型媒体为首的许多媒体公司也逐渐开始利用人工智能进行新闻编写的工作。

以前记者要花几个小时才能写完的报道，使用人工智能便可分分钟完成。人工智能的进化速度如此之快，想来，要让机器达到与人类撰写的报道无异的水平，也不过是时间的问题罢了。

我在社交媒体公司工作的时候，也越发注意到人工智能的重要性。

今后，当编辑和记者曾经的工作已不再发挥任何价值时，相信编辑和记者就会被人工智能无情地取代了。可以说技术的发展已远超我的想象。

人类将成为通用产品

英国牛津大学教授迈克尔·奥斯本和研究员卡尔·本

尼迪克特·弗雷在2013年发表的论文《就业的未来》(The Future of Employment)，在日本引起了很大的反响。

"作为调查对象的702个美国职业中，有近一半在未来可能被计算机的自动化程序所替代"，这一预测在当时引起了世界轰动，因为它揭示了自动化取代人类的具体概率。

被取代的概率较高的职业，除了卡车驾驶员和工厂组装零件的厂工等简单的劳动职业，还有金融顾问、专利律师、医疗人员等高难度的劳动职业。

尽管有不少人对这篇论文提出了各种反对意见，但毫无疑问的是，人工智能将如何改变我们的工作方式这一问题，在世界范围内引起了极大的关注。

虽然现在谁也无法预测未来是否会变得像这篇论文所描述的一样。

但是，"人类已经进入了一个新时代，在这个时代下，无论我们做的是什么工作或拥有什么技能，我们都需要去重新审视工作的价值。"奥斯本和弗雷指出的这点却是不可动摇的事实。

人工智能通过读取新闻稿后写出解说报道

人工智能代替医生判断患者症状

机器人代替社长做出经营决策

以上情况已在一些地方出现。一直以来被认为只有人类才能拥有的价值，已经开始实现商品化。

而面对这种发展趋势的未来，我们究竟应该发挥怎样的价值呢？

重新审视自己的价值

实际上，在思考这个问题时，乐高公司是一个非常有趣的题材。

乐高公司的核心产品——积木就曾面临着被商品化浪潮吞噬的危机，但又以此为契机，乐高公司开始重新审视自己的价值，最终让公司转危为安、涅槃重生。

乐高公司拥有的唯一的最大价值就是积木。

自创业以来，乐高公司一直以制造不易损坏、坚固耐用的积木作为竞争的立根之处。

但是在20世纪80年代后期，随着乐高积木专利的到期，谁都可以制造出和乐高一样的积木。结果就有多家厂商以比乐高积木更便宜的价格销售同样的积木玩具，在这波价格竞争的战争中，乐高积木便暴露出了以往存在的经营问题。

而同一时期，家用电视游戏机这一新的竞争对手在业内正式登场，并成功地吸引了孩子们，分散掉了他们对积木玩具的关注度。

面对这一系列的变化，乐高公司起初是无法适应的，因此其经营陷入了困境。大部分乐高公司员工似乎都无法忘记曾经的荣光，随后公司高层优柔寡断、决策屡屡失败，导致在市场上曾经独占鳌头的乐高，却在专利到期后，因为无法应对新技术的出现，而失去了市场的份额。

乐高公司其实犯了一个错误，即美国哈佛大学商学院教授克莱顿·克里斯坦森提出的"创新者的窘境"。

因此在2004年，乐高公司创下了赤字纪录，甚至到了近乎要出售公司的经营窘境之中。

然而在后来，乐高公司却成功地在谷底翻身，实现了一次涅槃重生。

在最后关头，乐高公司重新审视了自己的本质价值，变得注重向产品使用者传递组装积木的过程。乐高公司重新制定战略，调整组织结构，将自己的价值以最有效的形式提供给消费者。

由此，乐高公司戏剧般地实现转危为安，并重回业内霸主地位。

本书是一部关于乐高公司如何摆脱商品化桎梏的记录。为了完成这部著作，我走访了乐高公司的丹麦总部以及世界各地的乐高办公地，采访了公司高层、一线员工、前员工等众多乐高公司相关人士。

乐高公司持续创新的方法论，将粉丝的创意商品化的用户创新平台战术，激发人才工作价值的经营方式等，都是乐高公司在这20年的发展中培养出来的基础经营思维和商业模式，

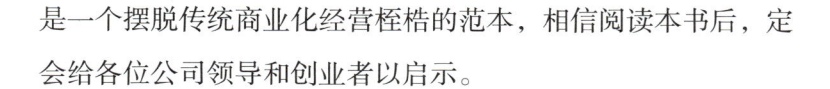

是一个摆脱传统商业化经营桎梏的范本，相信阅读本书后，定会给各位公司领导和创业者以启示。

度过第二次危机

度过2000—2005年的经营危机后，重新回血的乐高公司应对危机的能力有了很大的提高。

自那次危机后，乐高公司连续十几年刷新增收增益的纪录，但在2017年12月期的年度结算中，又突然陷入收益大幅减少的困境。不过面对这次危机，乐高公司迅速采取相应的对策，使得营业额又恢复了往日的势头。

2017年10月，就任首席执行官的尼尔斯·克里斯蒂安森迅速处理了乐高公司因快速成长而出现的问题，成功地重整了公司的经营模式。对由新冠肺炎疫情暴发引起的经营环境的变化也反应迅速，让乐高公司在2020年12月期财报刷新了历史最高利润的纪录。

在尼尔斯·克里斯蒂安森的领导下，乐高公司再次回到了发展的正轨。

当然，这并不能保证乐高公司今后会一直一帆风顺。因为新冠肺炎疫情全球大流行，未来一片迷茫的同时，能够撼动玩具业界的新技术又层出不穷。不仅是智能手机，其他娱乐行业的数字化也在不断地发展。

即使乐高公司曾一度走出了创新的困境，如果今后在应对危机上缺乏灵活性，公司依然会面临着再次陷入危机的风险。

尽管如此，但乐高公司的"我们是谁"这一企业理念深深地扎根于公司，关于这点是明确的。

"我们想要实现什么？""能为社会提供什么样的价值？""如果没有乐高公司，社会将失去什么？"

乐高公司不断抛出的这些问题，换句话说就是"如果没有自己，公司将会失去什么"，这也是今后我们所有人都要面对的问题。

乐高公司与日本的不解之缘

在进入正篇之前，我想先介绍一下乐高公司与日本不可思议的缘分。

陷入经营危机的乐高公司之所以能重新振作起来，与一位日本企业家有着重要的关系。前面提到的将粉丝创意商品化的平台——"乐高创意"，就是这位日本人和乐高公司共同培育出来的成果。

除在世界上大受欢迎的"乐高忍者"系列之外，乐高公司的系列产品中，还有不少是从日本玩具制造商那里获得的灵感。

为乐高公司 2020 年的好业绩做出不少贡献的"乐高超级

序　章　乐高积木所不为人知的影响力

马里奥",是乐高公司和任天堂合作的产物。任天堂作为电视游戏界的霸主,在过去曾将乐高逼入绝境之中。对于日本人来说,乐高公司的涅槃和成长的背后少不了日本的存在,这一点,我作为一名日本人也觉得挺有意思的。本书除了乐高公司的历代首席执行官,还收录了在用户创新的研究方面颇具权威的麻省理工学院媒体实验室的教授埃里克·冯·希佩尔,开发了编程语言"Scratch"的教授米切尔·雷斯尼克,制定乐高公司企业战略以及创意启发工具"乐高认真玩"之父罗伯特·拉姆森等多位大咖的采访内容。

虽然这些人在日本的知名度并不高,但每位都是世界知名的大人物。从这个意义上来说,麻省理工学院和日本一样,都和乐高公司有着密切的关系,并对它的经营产生了不小的影响。

本书结尾处还记录了在日本几乎不为人知的乐高工厂的一线情况。

乐高最初是一家面向儿童的玩具制造商。随着孩子们的成长,这一游戏的乐趣也影响到了几代人,由此,目标群体也扩大到成年人群。除了具有娱乐性,乐高积木还有着很好的学习价值,用途可扩展到教育、企业经营、创新创造等多个领域。

是什么让乐高公司的产品不败于竞争、不输于仿制品,并让乐高成为世界第一的玩具品牌呢?

希望通过了解乐高公司那不平凡的经营发展史,各位读者朋友对自身的价值有进一步的认识。另外，除非有特殊情况，本书中的人物头衔一般为采访时的时任职位，采访以外的敬称均做省略处理。

2021 年在创业地丹麦西部的比隆建成的乐高公司新总部

第 1 章

超越 GAFA 的效率经营，延续价值的 4 个条件

比隆是位于北欧丹麦西部，约有 6000 人口的小镇。

就连大多数欧洲人也不知道，一家全球著名的玩具公司总部，竟然就在这个仅相当于日本村庄大小的小镇上。

2021 年 3 月 10 日的早上，一栋刚竣工的崭新办公大楼矗立在小镇的中心，在大楼内，一名身材高大的男人正要隆重登场。

他就是尼尔斯·克里斯蒂安森，全球最大的玩具制造商乐高公司的首席执行官。

只见他一头栗色短发，戴着标志性的茶色框眼镜，白衬衫外套着一件深蓝色夹克。一身利落打扮的尼尔斯出场后，从容地注视着镜头，准备在线公布乐高集团 2020 年 12 月期的财报。

在由员工培训室改装而成的特设摄影棚内，工作人员正为领导的登场忙得不可开交。而早在一个半小时前，各大通讯社就已争先报道了乐高公司的业绩。

"乐高创下创业以来的最高利润"。

上午 10 点半，尼尔斯瞟了眼新闻上的标题后，开始了他的演讲。

面对新冠肺炎疫情，乐高公司依然创造最高利润

"各位同人，欢迎大家！"

站在镜头前的尼尔斯致以问候以后，向奋斗在全世界各地的两万名乐高集团的员工送去了亲切的慰问。

"新冠肺炎疫情在全球横行，导致我们的工作和生活发生了翻天覆地的变化，前所未有的困难接二连三地到来，在这样的困境之下，各位同人依然可以全心全意投身于工作之中，我表示由衷的感谢！"

感谢过员工们之后，他又向全世界的孩子们传达了自己的谢意。

"在新冠肺炎疫情全球大流行的当下，很多孩子都只能待在家里，他们选择了乐高积木，把乐高积木当作了他们游戏的伙伴。"

在公布财报的会议上，一家企业的领袖竟然发自内心地感谢全世界的孩子们，或许也算是玩具制造公司才能见到的光景吧。

由此可以看出，在新冠肺炎疫情期间爆发的乐高积木热是何等令人惊诧。这也直接推动了乐高公司业绩的大幅攀升。乐高公司的上升势头在市场地位上也得到了印证。美国企业声望管理研究及咨询公司（The RepTrak Company）公布的2021年全球企业声誉度排名中，乐高公司超过劳力士公司和法拉利汽车公司，连续两年高居首位。

"乐高品牌的公众认知和社会声誉达到了前所未有的高度。"

在谈到乐高公司新成果的时候，尼尔斯不由地挺起了胸膛。

他充满自信的姿态，让人们感受到了全球第一玩具制造商的领袖的王者风范。此时的他已不再像三年前那样回答记者提问时神情紧张、说话结结巴巴。

这也难怪，因为尼尔斯在就任首席执行官后的三年里，取得的丰功伟绩足以让他底气十足地发表这场演讲。

提高非凡的经营效率

他的自信首先源自业绩。

"我很满意乐高公司财报上的所有数据。"

当逐年攀升的柱状图出现在屏幕上时，尼尔斯露出了满意的笑容。

乐高公司2020年12月期的合并销售额比上季度增长了13.3%，达到436.56亿丹麦克朗（约7596亿日元），营业利润同比增长了19.2%，达到129.12亿丹麦克朗（约2246亿日元）。

4年来，乐高公司还是首次像这样利润呈两位数地增长，销售额和营业利润都创下了历史最高纪录。在12个主要市场的销售额均首次超过上一季度。

其上升态势可谓鹤立于整个玩具行业。

作为乐高的长期竞争对手，"芭比娃娃"的生产商美国美泰公司和"大富翁"的生产商美国孩之宝公司，正因新冠肺炎疫情焦头烂额的时候，乐高公司却能逆势而为，销售额超过了这两家竞争公司，坐上了玩具业界的世界第一宝座。

除了销售额急剧增长，乐高公司还通过聚焦开发和制造积木的商业模式，不断提高自身的经营效率。

一般的玩具制造商都会在每个季度通过更新设备来生产新玩具，而乐高公司几乎无须更换生产积木的设备。乐高公司只要改变产品所需的模块组合，不断推出新的包装，就可持续投放出新的商品。

图 1-1 乐高公司业绩变化表

出处：作者以乐高公司年度财报为依据制作的图表

高效的业务模式让乐高公司收获了良好的业绩。在 2020 年 12 月的年度财报中，乐高的营业利润率达到了 29.6%，净资产收益率达 43.4%。较上期均有所上涨，分别上升了约 1 个百分点和约 6 个百分点。

虽然乐高公司与 4 家互联网巨头所处的行业不同，无法进行单纯对比，但就净资产收益率这一数字来看，乐高公司超过美国字母表（谷歌母公司）的 19%、美国脸书公司的 25.4%、美国亚马逊公司的 27.4%（均为 2020 年 12 月期）。乐高公司的实力可以说能与 GAFA 这 4 家全球互联网巨头相媲美。

尼尔斯的第二个自信来源于乐高公司的业务核心产品正不断热销。

最新的一个例子便是 2020 年与任天堂合作推出的"乐高超级马里奥"系列。

图 1-2　2020 年一经上市便极具人气的"乐高超级马里奥"系列[①]

该系列用乐高玩具还原了享誉全球的超级马里奥世界，并融入了独特的附加价值，使得乐高公司生产的这一系列产品变得如此受欢迎。

---

① 该图片已获得乐高公司授权，应版权方要求，在此标注。——编者注

这一系列产品让孩子们拥有了自己创造马里奥世界的发挥空间。它不仅可以按照说明书介绍的方式组装积木，再现马里奥的奔跑路线，还可以让孩子们发挥想象，创造出属于自己的马里奥路线。

乐高公司通过细节上的匠心打造，提升了玩具再现马里奥世界的真实感，在这一系列产品还未上市时，就已引发大众热议，并瞬间跻身于乐高公司的热门产品行列之中。

2021年3月推出的"乐高VIDIYO"，将乐高积木与智能手机等数码终端结合，让玩家能在玩乐高玩具的同时也能制作出音乐视频，这一独特的理念引起了消费者广泛的关注。

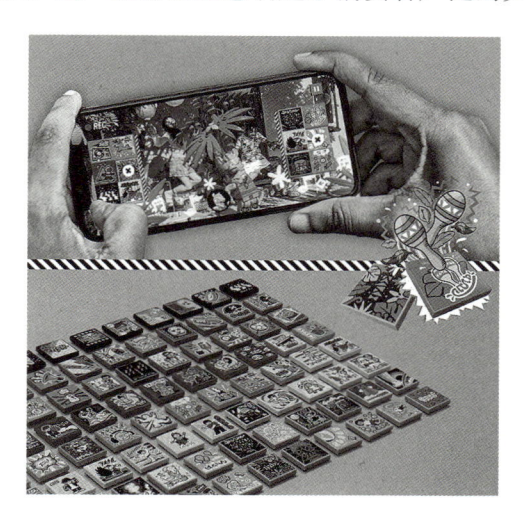

图1-3　2021年3月推出的"乐高VIDIYO"，可以使用积木制作原创音乐视频[①]

---

① 该图片已获得乐高公司授权，应版权方要求，在此标注。——编者注

该系列是由乐高公司与环球音乐集团合作而诞生的，从环球音乐集团准备的乐曲中选择任意一首，然后将各种音块排列在一起，并用专门的手机应用程序进行拍摄，即可制作出原创视频。完成后的视频还可以发布到专门的在线社区上，在原有的积木组装玩法上增添新意，使得乐高公司的该款产品获得了很高的人气。

"曾经有人说电子游戏和数码产品是乐高积木的劲敌，但那已经是过去式了。现在的孩子们在玩的时候意识不到现实和虚拟的边界。在这样的时代下，乐高积木该有怎样的玩法呢？而'乐高超级马里奥'和'乐高VIDIYO'就进行了这样开创性的尝试"。尼尔斯这样解释道。

不过，比起业绩和产品热销，最能让尼尔斯如此有底气的是全球的乐高积木粉丝数量正不断增加的这一事实。

乐高积木的粉丝通过互联网联系在一起，并实现了互动交流。由此，粉丝社群在近年来也变得越来越活跃。

其中一个例子就是乐高公司从2017年开始推出的社交网络服务平台"乐高生活"。这是一个面向乐高积木儿童粉丝的专属社交平台，该平台用户可以在线展示自己制作的乐高积木组装作品。正因为是面向儿童的平台，所以要想使用该平台就必须得到父母的许可，而且投稿也要一一由管理员审核确认，并只能用表情包进行留言。

全面规范之后，该平台得到了家长的信赖，使得该平台用户遍布世界各地。现在，包括日本在内的 80 个国家的 900 万名以上儿童都参与到"乐高生活"当中，平台成了互相展示自己的乐高积木组装佳作的天地。如今，平台有来自世界各地的作品投稿，已成为世界上少数儿童社交平台之一。

不仅是由乐高积木儿童粉丝组成的社区用户数量在增加，由乐高积木成人粉丝组成的社区用户数量也在持续增加。

被一代又一代人喜爱的乐高积木，在从前就有一个成人粉丝交流平台，叫作"AFOL"（乐高成人粉丝）。而在新冠肺炎疫情暴发以后，乐高积木的热度甚至不减反增。

由于新冠肺炎疫情的蔓延，许多人只能居家办公，时间也由此变得宽裕了，因此久违地玩起乐高积木的成人数量激增。具体表现在通过人气投票，将粉丝创意商品化的平台"乐高创意"的访问人数就比新冠肺炎疫情暴发前增加了五成。

乐高公司抓住这一势头，在 2019 年收购了运营有乐高成人粉丝社区的"积木链接"，旨在积极地与各年龄段粉丝进行更好的交流。

尽管处在新冠肺炎疫情的乌云之下，乐高公司在保持自身优势的同时还能推出许多热销商品，扩大粉丝社区。"今年的结果有点太好了。"尼尔斯在最后并不谦虚地说道。

"良好的业绩确实令人欣喜，但我们做事业并不是以此为目的。乐高的存在永远是为了孩子们，为了他们的未来。"

在危机中实现涅槃

乐高公司强势归来了。

在公布年度财报的当天,欧美各大主流媒体纷纷报道了乐高公司的良好业绩。

虽说乐高公司是全球最大的玩具制造商,但作为一家非上市公司,乐高公司能取得这样好的业绩实属罕见。世界上无数的乐高积木粉丝网站也在引用这些报道的同时,为乐高公司刷新创业以来的最高盈利纪录而感到热血沸腾。

但是,对这一结果比任何人都感到欣慰的,一定是尼尔斯·克里斯蒂安森本人。(乐高终于回到原来的强势状态了。)

4年前的2017年10月。尼尔斯出任高层时,乐高公司正处于混乱的旋涡当中。到前一年的2016年12月为止,乐高公司仍以势如破竹之势持续增长,但在2017年上半年,甚至是这一整年,乐高公司却陷入了减收减益的窘境。

在过去连续13年增收增利的时期里,乐高公司作为全球领先的创新企业备受世人瞩目。再结合之前2000年上半年,乐高公司从即将破产的状态力挽狂澜的戏剧性经历,使得媒体竞相对乐高进行各种报道,也成为商学院培训学习时的经典企业案例。

但是,自2017年乐高公司公布减收减益的财报结果后,社会对乐高公司的评价突然一反往常,变得严厉起来。

对乐高公司赞誉已久的媒体开始唱起了各种批判性论调。同一时期，乐高公司的高层人事变动混乱，导致"成长的神话迎来终结"等类似标题也跃然纸上。

乐高公司会再次陷入经营危机吗？

尼尔斯正是在这样的混乱时期临危受命，担任乐高公司首席执行官一职。

上任伊始，尼尔斯就准确地看出了乐高公司经营过程中出现的根本问题，并迅速采取措施。使得乐高公司仅用了三年时间，就成功重回增长的轨道。而其采取的具体措施，将在本书的第9章中进行具体介绍。

尼尔斯助乐高公司度过新冠肺炎疫情带来的危机，并取得刷新纪录的良好业绩，于是外界对乐高公司的评价再次不断提高。现如今，各大媒体纷纷称赞尼尔斯是"乐高公司的救世主"，但面对这些夸赞，尼尔斯本人却显得沉着冷静："乐高公司在漫长的历史中曾多次遭遇经营危机，但是面对每一次危机，我们都会重新审视公司的价值。只要能不断自省改进，乐高公司的强大就不会轻易褪色。"

仅从事积木开发和制造的乐高，在价格竞争和技术竞争中毫不示弱，仍然保持着独一无二的品牌影响力，也是它一直能稳居世界第一大玩具制造商宝座的重要原因。

乐高成功的背后，少不了经过它长时间培育和打磨而成的四大优势的助力。

优势一　专注强项，精于核心业务的商业模式

乐高公司的优势之一，在于能清楚地认识到自己的长处是什么，并将精力集中到这一强项上。而乐高公司的核心优势就是积木的开发和制造。

自 20 世纪 80 年代以来，乐高积木在世界各地的专利陆续到期，使得任何一家制造商都可以做出与乐高一样的积木。这也导致许多仿制品乱入市场，因此乐高一度被商品化的浪潮所吞噬。

为了打破这一局面，乐高公司曾有一段时期尝试过开拓业务资源，急切地想要摆脱积木这一原有优势，但以失败告终。

于是，被逼无奈的乐高公司做出一个决定，也就是重新注重起积木的开发和制造，并对其进行大力投资。坚定了这条发展路线后，乐高公司不断完善生产经营，最终确立了高效率的业务模式。

虽然除了积木，乐高公司还开展了电影、游戏等多项业务，但这些业务都需要取得相关授权才能推展开来。

之所以积木的开发和制造，这一极其简单的业务模式能带来很高的利润率，是因为乐高公司很好地把握住自身的优势，并且建立了一套能发挥这一强项的经营管理体系，这也正是乐高公司强大的首要原因（详见第 4 章）。

优势二　持续制造热销，提高热销率的产品开发机制

乐高公司认识到自己的强项后，便开始专攻积木的开发和制造，但仅凭这一点，是无法长久打败制造廉价积木的竞争对手的。为此，乐高公司还需要不断开发出超越其他公司产品的热销商品。

要想不断推出孩子们喜欢的商品是件非常困难的事。玩具行业和电影、音乐行业一样，商品热销的概率很小，因此制造商就很容易业绩不稳。

那么在这种情况下，乐高公司该如何不断取胜呢？

为此，乐高公司在内部确立了连年推出热销商品的机制。

产品开发不再限于一个季度的项目完成后就结束，而是会不断推出独特的创新商品，这一改变让乐高公司的经营取得了很好的成效，使得乐高公司每年能推出 350 多款新品，而全年超过五成的营业额都是由这些新品带来的（详见第 4 章）。

优势三　发挥社区的优势，从粉丝的智慧中开发热销商品

乐高公司第三个优势就是巧妙地借助粉丝的力量。乐高公司将忠实粉丝的智慧很好地融入产品的开发中，从而创造出前所未有的创新商品。

制造商在产品开发的过程中，潜藏着某种矛盾。

具体来说就是制造商要保证营收，就需要走量，因此一

些制造商就会喜欢"炒冷饭"等，往往会根据大多数消费者的需求来制造商品。但是目标对象的范围越广，产品就会变得越大众化，于是产品便难以像一些实验性产品般，不红则已，一红便成为势不可当的爆款。

如果不在开发中引进超越传统路线的新思路，那么从中长期来看，制造商的活力就会停滞不前。

于是，乐高公司为新产品的开发引入了一项新企划，即"乐高创意"平台，它将分散在世界各地的乐高粉丝的创意融入产品开发中。该平台会先募集粉丝制作的乐高作品，然后根据人气投票进行筛选，之后将其制作成产品，也就是乐高版的众筹。

收集粉丝的意见并将之引进产品开发中，这一做法看似简单，但要想成功，还需要解决各种难题。乐高公司在正式开展这一举措之前，也经历了六年多的试错才完善了这套体制。

在构建"乐高创意"平台的过程中，乐高公司重新认识到，活跃的社区平台也是公司的一大优势。

因此，乐高公司现在也在致力于激活粉丝社区。创建了"乐高认证专业人士""乐高网络大使"等多个认可和表彰粉丝的机制和制度，并推出了一系列举措，让乐高粉丝为自己的粉丝身份而自豪。

序章中也提到过的，这里也补充一下，"乐高创意"是在乐高公司与日本企业家合作的过程中诞生的（详见第5章）。

优势四　明确价值，不断向公司内外传达企业的"轴心"

乐高公司的第四个优势是其能明确公司的价值，即"我们是为了什么而存在的？"

乐高公司将使命、愿景、价值、承诺、精神等多重行为准则定义为"乐高品牌框架"，并以此明确提出了公司的发展方针。

例如，自 2010 年以来，乐高公司更加致力于可持续发展，这也是与"Inspire and develop the builders of tomorrow"（赋予和培养未来创造者的灵感）这一使命相结合的。

要为未来的创造者提供持久的价值，就必须在管理本身融入可持续发展的思想，如环境、工作场所的多样性、工作价值和员工的健康状况等，就需要乐高公司从各个方面不断审查和整改公司制度。

从促进可再生能源的利用、实现温室气体的减排目标，到重新评估积木的原材料等，乐高公司推出的一系列措施，都遵循着品牌的制度框架。

明确公司的价值，近年来这一理念在日本也以"purpose"一词而变得广为人知。

像这样通过确定好企业的发展方向，让有同样想法的员工更多地参与到工作中，最终有助于提高员工的工作价值和积极性。

"我们的目标是让员工对 purpose（公司的价值）抱有同感，营造一个能让员工自主工作的职场环境。在今后的时代，为了录用到优秀的人才，明确公司价值的经营将变得非常重要。"尼尔斯如此说道。当然，如何向公司内外通俗易懂地宣传公司的价值，就要考验高层的能力了（详见第 8 章）。

持续产出价值的 4 个条件

①了解自己的优势。
②建立持续输出的开发机制。
③培育社区，加强联系。
④传播明确的价值。

乐高公司为了应对商品化危机所培养的四大优势的本质，这一点与处在类似环境下的企业也是相通的。

而且，如何应对产品的商品化危机，就犹如人工智能的崛起对人类价值的考验一般。从这个角度来看，乐高公司的处理颇具启发性。那么乐高公司又是如何帮助人们提高自身价值的？详细内容请看第 6 章和第 7 章。

当然，乐高公司也并没有很快找到这些答案。

回顾过去，乐高公司也有过因妄自尊大而没有注意到竞争环境的变化，从而陷入严重的经营危机的时期。

在那段时间里，尽管喜欢乐高积木的孩子们越来越少，但乐高公司仍然盲目自信地认为自己是最了解孩子们的，于是在乐高公司没有任何改变的情况下，危机迎面而来。

当终于意识到了异样时，乐高公司试图从外部聘请专业人士进行经营重组，但这一做法却曾一度遭遇失败，使得乐高公司在2000—2005年这段时期濒临破产。

乐高公司的强大是在应对这些危机的过程中磨炼出来的。

乐高公司走的去大宗商品经营之路，实质上是一条既不输价格，也不输技术的独一无二的品牌之路。那么，乐高人是怎么走出这条路的呢？

要理解这一点，我们需要先从乐高公司最初遭遇的经营危机开始讲起。

时间要追溯到18年前……

20 世纪 90 年代，一直受到许多孩子们欢迎的乐高积木遭遇了一场大变

第 2 章

无人玩乐高，身陷创新的囹圄

2003年年底。

在位于丹麦比隆的乐高公司总部，克伊尔德·柯克·克里斯蒂安森在一个房间内被银行的融资团队团团包围。

克伊尔德·柯克是乐高公司创始人奥莱·柯克·克里斯蒂安森的孙子，从1979年至2004年担任乐高集团首席执行官长达25年。可以说是乐高集团的门面人物，如今年逾70岁，依然精力充沛地投身于事业当中。

这样的克伊尔德·柯克在2003年，即他55岁的时候，遭遇了与如今情况有些类似的乐高公司经营危机。

"还能还款吗？"

在融资人员的反复追问下，克伊尔德·柯克被逼得走投无路。

这一年，乐高因赤字而不免背负高额债务，自有资本比率也随之大幅下降。

创业以来乐高公司自诩比谁都懂孩子的自信和光芒，此时已消失殆尽。

"为什么会变成这样……"

面对囤积的商品和高额的债务，克伊尔德·柯克只能如此自问。

始于木工玩具的乐高公司历史

乐高公司的历史伴随着欧洲经济的变迁。

1932 年，乐高公司开始了玩具制造商的发展之路。但起初创业的历程并不顺利。

克伊尔德·柯克的祖父，乐高之父奥莱·柯克的父亲是一名能干的家具工匠。

1916 年，奥莱·柯克继承家业，创办了制作木工家具的作坊。自此，他便以家具工匠的身份为生。到了 1929 年，他迎来人生的一个重大转折。世界经济大危机的余波给克里斯蒂安森一家带来了冲击。

由美国引发的金融危机对欧洲也产生了巨大的影响，丹麦经济不得不牵连其中。经济低迷直接冲击丹麦民众的家庭开支，使家具需求锐减。受此影响，奥莱·柯克的公司濒临破产。

妻子去世，需独自照顾孩子们的奥莱·柯克还没来得及悲痛，就得拼命寻找其他能维持生计的路子。

于是，他灵机一动，便决定开发儿童玩具。

为了最大限度地发挥家具工匠的经验，奥莱·柯克首先尝试制作了木工玩具。

"应该给孩子们提供和成年人的东西一样品质的产品。"

这是奥莱·柯克一贯的主张，即使是玩具，也要坚持有令大人也认可的真实感。鸭子、熊、拖拉机、消防车等奥莱·柯克制造的木工玩具，连细节都做得十分到位。耐用、不易损坏也是其商品的一大卖点。

之后出现的乐高积木，也和奥莱·柯克的理念一样，旨在做出可以让父母放心给孩子们玩的玩具。

1934年，奥莱·柯克将自己的玩具公司命名为"LEGO"（乐高）。LEGO是由丹麦语的"Led God"（好好玩）一词延伸、创造出来的新词。说来也巧，LEGO在拉丁语中意为"我要组装"。

不过，奥莱·柯克的坚持在创业的头几年里并没有被孩子们接受，产品一直处于不知名的状态，甚至玩具工坊还时常遭遇火灾等灾难。

但如果失去玩具这项事业，奥莱·柯克就没有后路了。所以他面对这些困难也并未放弃，继续勤勤恳恳地制作玩具。

1939年，坚持下来的奥莱·柯克终于迎来了他的转机。那时正值第二次世界大战爆发，在欧洲占有很大市场份额的德国大型玩具制造商纷纷被迫停业。

然而，即使在战争时期，服兵役的男人们也会为祖国的孩子们买玩具。所以玩具的需求是一直存在的。而乐高公司就抓住了这一需求，取代德国的玩具制造商，实现了快速成长。

到了战后，乐高公司的玩具依然走俏，订单不断，木工玩具业务开始步入正轨。

于是在 1947 年，乐高公司正式开始事业上的起步。

因为当时流行塑料玩具，奥莱·柯克的儿子戈德弗雷德·柯克·克里斯蒂安森便出资三万丹麦克朗，从英国进口了塑料注射成型器，之后便开始了塑料玩具的开发历程。

孩子们有自己的玩法

通过塑料新技术，戈德弗雷德·柯克带领的乐高公司可以制造出前所未有的精巧玩具。随后乐高公司便通过这一技术造出了汽车、卡车、动物等各种各样的塑料玩具。

不久，塑料积木也就是乐高积木的原型也被开发出来了。最初乐高设想的积木概念是像搭积木一样，孩子们可以随心所欲地建造建筑物或交通工具。

一般来说，大多数玩具都有固定的玩法。制造商给玩具产品附带说明书，孩子们基本上会按照说明书中介绍的方式玩玩具。但是积木玩具就不必一定按照说明书中介绍的方式去玩。根据积木的组装方法，孩子们可以制作出自己喜欢的形状，思考属于自己的原创玩法。"如果制作得好，它还可能会成为一个从未有过的划时代玩具。"

早期的积木玩具只是乐高当时制造的 200 多款塑料玩具中的一种，但克里斯蒂安森父子却逐渐看好塑料积木的开发。因为两人从积木玩具能创造出独一无二的玩法这点上，看到了其巨大的潜能，这令他们感到十分兴奋。

于是，乐高公司经过反复地试验后，在1949年终于完成第一款正式的积木玩具。但出乎意料的是，孩子们的反应却很冷淡。

因为孩子们第一次接触积木时，并不知道该怎么玩，所以起初仅是好奇地把玩一会儿，之后便很快厌倦，失去兴趣。

前期的积木之所以没能抓住孩子们的心，原因有两点。

首先，早期的积木块与现在的不同，积木块之间没有互相卡紧的榫卯结构。所以早期的积木只能进行简单的堆砌，稍微晃动一下便会很快倒塌。其次，当时的积木商品名为"自动构建块"，给人一种死板的印象，自然就容易让孩子们失去兴趣。

尽管如此，克里斯蒂安森父子还是对积木的潜能抱有很大的期待。因为所有的积木块都可以与其他任何积木块相拼接，积木块的数量越多，组装的可能性也就越多。

"这才是能激发想象力、提升创造欲望、给人带来制造乐趣的玩具。"戈德弗雷德·柯克如是说道，他并没有放弃对这款积木产品的开发，而是对积木块进行了不断的改良。

皇天不负有心人，榫卯结构终于在1958年开发完成。积木的背面安装有三个凸粒，将另一积木表面的三个凹槽与这三个凸粒连接起来，便形成了所谓的凸起管结构（stud-and-tube）。

由此，积木的坚固性和自由度得到了大大的提高，并延伸出了许多的玩法。1953年，积木正式改名为"乐高积木"，名称变得更加通俗易懂，孩子们也终于开始对乐高积木提起兴趣。

而且，自孩子们玩起乐高积木后，更是对其情有独钟，以至于克里斯蒂安森父子都感到颇为惊讶。

接受游戏的自由度

当时，克里斯蒂安森父子认为乐高积木具有两大魅力。这也可以说是乐高积木延续至今的本质价值。

第一大魅力就是乐高积木的坚固性和兼容性。乐高积木即使被踩也不会轻易损坏，且孩子也不容易受伤。1958年制造的积木，也能与2022年制造的积木兼容。几代人可以将乐高积木传承下来，是一款具有持久性的玩具。

乐高积木的第二大魅力是可以无限地扩展玩法。

戈德弗雷德·柯克发现，连接的积木越多，就能创造出更多的组装组合。最终，这一概念被称为"游戏系统"。乐高在销售积木时，虽然会提供交通工具、城镇等套装的组装方法，但这也只是众多组装方法之一。

孩子们可以根据自己的想法创造出不同于包装图上的作品，制造出不同的交通工具，或是把城市建得更大，实现自由地思考和玩耍。

以什么都能组装的结实积木和游戏系统这两大价值为武器，乐高积木将现实中的各种场景进行了切割，并将其系列化。

比如，早期热销的系列之一，也就是丹麦的农家风光：对父母乘坐的拖拉机怀有憧憬的孩子们，在乐高积木的世界里玩得不亦乐乎，拖拉机系列上市仅一年半便售出10万套，为乐高公司带来了很大的收益。

后来也有火灾导致木制玩具制造厂被烧毁的原因，到了1960年后，乐高公司逐渐将经营资源集中到开发制造积木上。

1963年，乐高公司将积木的原料从醋酸纤维素换成ABS（丙烯腈、丁二烯、苯乙烯），制造出与现在基本相同品质的积木。

1966年，乐高积木在欧洲获得了极高的人气。内置有电池的火车系列积木一经推出，便在德国大受欢迎。火车系列积木也是现在的人气系列"乐高城市"的前身。

经此热销，乐高积木在德国这一当时最大的市场变得炙手可热。此后，乐高公司又将市场扩展到欧洲其他地区，巩固了乐高积木作为儿童经典玩具的地位。

打造具有世界观的游戏主题

当戈德弗雷德·柯克的儿子克伊尔德·柯克在1979年接

任首席执行官后,乐高公司的目标便是打造一个让所有年龄段的"积木建造者"都能玩的组装玩具。

乐高公司的产品群也由此不断扩充。1969年,乐高公司为四岁以下的幼儿推出了比一般积木大八倍的"乐高得宝"系列,而面向成人玩家的"乐高科技"系列也在1977年登场。

进入20世纪80年代,乐高积木的种类进一步增加,除交通工具和建筑外,城堡系列、宇宙系列等各种游戏主题世界陆续通过积木再现,让孩子们爱不释手。

渗透欧洲大陆的乐高品牌,在美国也变得大受欢迎。

乐高公司于1961年进军美国市场,至今美国仍是乐高的战略市场之一。

乐高公司在日本也很快得到发展,早在1962年,作为一款智育类玩具,它的人气逐渐上升。从欧洲到美国,再到亚洲,乐高公司迅速将业务拓展开来,1966年,乐高公司的产品已经在全球四个国家进行销售。

之后,乐高公司更是推出了各种乐高积木系列,这些不同的积木都能互相兼容且制作精良。

当时的乐高积木可谓无人能敌。不知不觉间,便成了一家独一无二的积木玩具制造商。

1958年,为了保护好给公司带来丰厚利润的榫卯结构技术,乐高公司在全球三十多个国家申请注册了专利。但即便如此,乐高积木的仿制品依然屡禁不止,不过乐高公司也对这类侵权商品进行了起诉，并最终获得了胜利。

虽然保护知识产权需要缴纳相应的费用，但乐高公司的成长速度快到可以轻而易举地承担各种诉讼成本。

进入 20 世纪 80 年代的时候，乐高公司已经被公认为世界级品牌。

之后，乐高公司不仅制造玩具，还开发了促进婴幼儿大脑发育的系列产品、学校教材套装、能与电脑结合的产品等，将业务扩展到了技术和教育领域。

客观来看，虽然乐高积木只是一块块塑料，价格却并不便宜。但即使如此，乐高的品牌影响力让全世界的父母们觉得乐高积木是值得给孩子购买的产品。

克里斯蒂安森父子发现的乐高积木的价值在这个时候迎来了巅峰。

专利到期后直面的危机

到了 20 世纪 80 年代后期，乐高公司的经营环境开始变得不明朗。

新的竞争对手不断涌现，并开始具备了与乐高公司同等的价值。这场商品化浪潮似乎要将乐高公司吞噬掉。

而其中，对乐高公司影响最大的是其专利的到期。那时的榫卯结构自获得专利以来已有 20 多个年头，此时的专利在世界各国都已陆陆续续到期。

全世界等待这一时期已久的玩具制造商也开始纷纷仿造起乐高积木，比如美国泰科玩具公司（现美泰）、加拿大美家宝（现美泰）……20世纪80年代末，模仿乐高的积木玩具不断涌现。

在竞品中，也有不少是以与乐高公司的积木组合具有兼容性为卖点的产品。据悉，为了蹭乐高积木的热度，许多家玩具制造商推出了乐高积木的仿制品。

起初，对品牌影响力有绝对信心的乐高公司对竞争对手的仿品不屑一顾。但后来，乐高公司便逐渐意识到，这种想法有些盲目自信。

而这次危机中，对乐高公司产生最大影响的就是价格。

竞争对手的产品均价都比乐高积木低两三成。很多想玩积木，但又觉得乐高积木价格过高的消费者，不知何时变得倾向于购买竞争对手的产品。不久之后，竞争玩具制造商也开始推出与乐高相似的游戏主题，乐高积木的市场份额就这样被抢走。廉价的积木玩具制造商不断涌入，企图在积木玩具市场上也分一杯羹，随着积木玩具的不断贬值。乐高公司的盈利也跟着跌入了低谷。

被电子游戏抢走了孩子

专利到期的同时，玩具业里还出现了对乐高公司造成冲

在危机中涅槃

击的强敌。

任天堂公司在 1983 年推出的"家庭电脑"开创了家用游戏机的时代，并迅速崛起成为乐高积木这一玩具界主角的重大威胁。

在此之前，虽然市场上也出现过可以在电脑上玩的游戏，但任天堂公司的"家庭电脑"无论是在操作性上还是软件的魅力上，都占据着绝对的优势。"家庭电脑"一举受到大众的欢迎，孩子们也开始沉迷于电子游戏之中。

1989 年，便携式游戏机"游戏男孩"（Game boy）问世。自此，孩子们便可以随心所欲地在任何地方玩他们的游戏机。

为了在这个不断成长的市场上分到蛋糕，除任天堂公司外，索尼电脑娱乐（现索尼互动娱乐）公司也于 1994 年发售"PS"，美国微软公司于 2001 年推出了专用游戏机"Xbox"，游戏也由此逐渐形成一个巨大的市场。

只靠积木是没法吸引关注的

电子游戏的登场瞬间抢走了所有玩具的风头，成为新的玩具之王。其魅力连乐高都无法抵挡。

与这类电子游戏相比，积木游戏缺乏刺激性，就会让孩子们觉得无聊乏味。

不知不觉间，乐高积木便被贴上了过时玩具的标签，孩子们很快对其失去了兴趣。玩乐高积木的孩子平均年龄也在下降，乐高公司的销售额也变得低迷起来。

"单靠专业技术已无法引起孩子们的关注，乐高公司需要尽快想出新办法。"

20世纪90年代，乐高公司的高层多次被管理咨询公司指出这样的问题。当然包括克伊尔德·柯克在内的乐高公司高层也注意到了经营环境的变化。电子游戏这个强大竞争对手的横空出世，以及曾经保护着乐高公司的专利在各地接连到期，使得商品化浪潮向着乐高公司来势汹汹。

但是，乐高公司的行动还是太慢了。

"成功太久。以至于竞争环境变化了，乐高公司的员工们仍然过度自信于乐高公司是最了解孩子们的玩具公司。"

当时的乐高公司员工回忆道。

而且其中尤其不接受变化，一直墨守成规的还是负责核心产品开发的设计师。

当时乐高公司有上百名在职设计师，每个人都有各自喜欢的材料和色样供应商，为了采购到几克足够特殊的颜色，他们还会特意购买好几吨树脂来调色。当时谁都不能阻拦设计师花在开发上的费用，而实际上也没有人去处理这方面的问题。

20世纪80年代之前，这些设计师都是支撑乐高公司一路高歌猛进的功臣，然而，他们过往的成功经验，在后来反而成了阻拦乐高公司改变的枷锁。

等回过神来，乐高公司的营销方式已然过时。在创业初期，乐高公司主要依靠的是小镇里的小型零售店。但在发达国家，随着经济的发展，卖场的主角不断更迭。进入20世纪80年代，玩具销售大多由拥有巨大卖场面积的批发超市承担。

竞争对手为了应对这种变化，在信息化和物流网络等方面进行了更新。但是乐高公司在供应链方面，却几乎很难进行评估和改进。

显然，乐高公司所处的环境正在发生剧变。但是，乐高公司的员工仍然无法接受眼前的现实。

孩子们总会回来的

"不管市场上推出了多少新玩具，孩子们最终都会因为厌倦而回到乐高公司的身边。"

很多乐高公司员工依然相信，自己是最了解孩子的人。虽然每个人都感到莫名的不安，但又拒绝正视问题，每天只是一味地盲目工作。从结果来看，管理层也一直拖拖拉拉，没有做出彻底改革的决定。

但这样只会让情况越来越糟。

一位乐高公司员工回忆道："当时自己不便在公司里说出来，其实自家的孩子放学回家后，看到乐高积木十分地不屑一顾，反而径直走去玩电子游戏。"

"谁都觉得这样下去不妙，但公司的氛围并不好让人站出来提议要做出改变。"

在市场份额上占有压倒性优势的企业，往往会因为对新变化反应迟钝而最终落寞退市。美国哈佛大学教授克莱顿·克里斯坦森指出的"创新的窘境"，正向乐高袭来。

1988年，作为乐高公司利润源泉的积木制造专利在所有国家都已到期。随着竞争玩具制造商的不断加入，积木的商品化进程已势不可当。

就这样，到了1993年，乐高公司营业额一直呈两位数增长的趋势在持续一年后停止了。乐高公司逐渐被时代所抛弃。

陷入困境的克伊尔德·柯克为了摆脱这一局面，开始推行乐高积木产品急剧扩张的战略。

从1994年到1998年，克伊尔德·柯克将乐高公司的年产品数量增加至3倍，平均每年推出5个新系列。

乐高贝尔维尔、乐高西部、乐高时空旅行……

但是，孩子们却没有回到乐高积木的身边。这5年内乐高增加的营业利润仅达到5%。

乐高积木的竞争力，以及品牌影响力的流失，已经是不容置疑的事实。

执掌乐高公司超过15年的克伊尔德·柯克也不得不承认，孩子们的心已经离开了乐高积木。在1998年12月期的财报显示，乐高公司出现了创业以来的首次亏损。最终，克伊尔德·柯克被迫做出改变经营体制的决定。

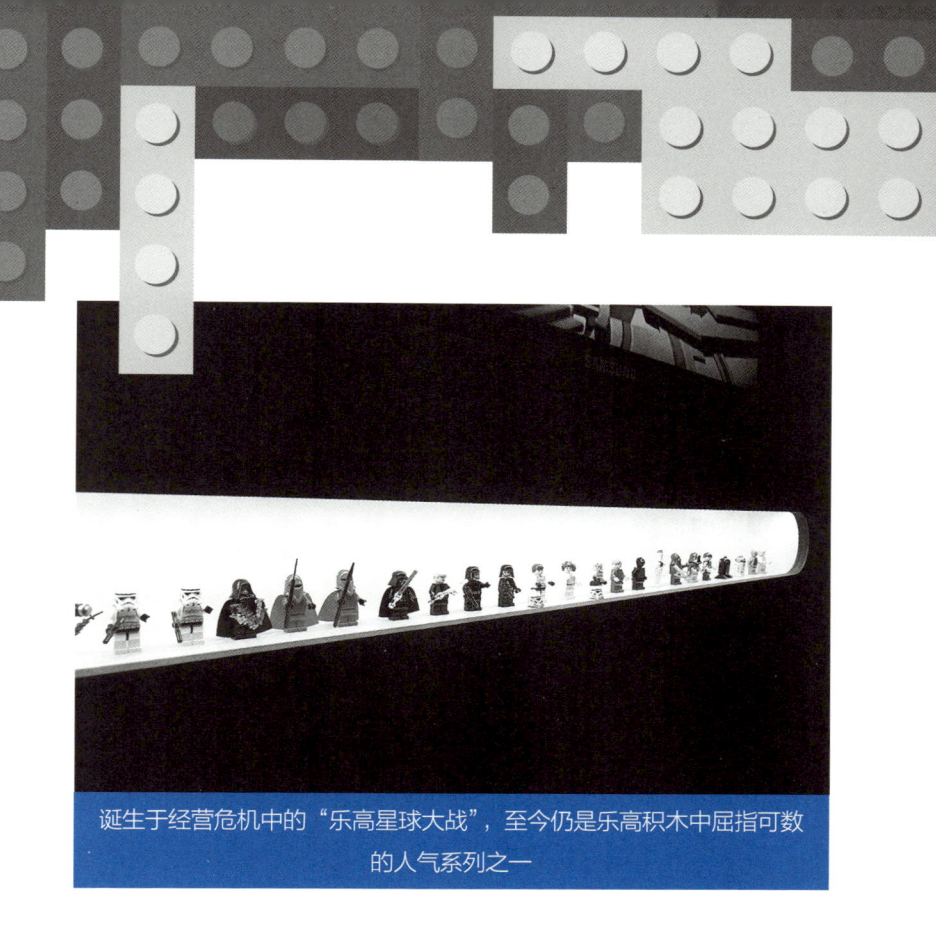

诞生于经营危机中的"乐高星球大战"，至今仍是乐高积木中屈指可数的人气系列之一

第 3 章

"乐高星球大战"的功过，因放弃积木而失去的竞争力

内部提拔员工或外聘人才。企业要想活下去，该选择哪一种接班人呢？

美国哈佛大学的教授，以畅销书"从优秀到卓越"系列而为人熟知的经营学家吉姆·柯林斯就坚定地认为内部提拔员工是可取的选择。

最难的问题：指定接班人

"有些人会认为，要解救公司，就要请求外援进行公司内部的大改革。但事实上，这样的想法是没有依据的。不仅如此，从外面聘请的知名经营改革者，他们过往辉煌的成绩很可能与能否带领公司崛起之间是呈反相关的关系。"

柯林斯在《从优秀到卓越2：飞跃的法则》中如此说道，并进一步地说出了其中的理由。

"因为对于指定接班人的董事会来说，由内部提拔的人选会更加了解公司。无论是对自家公司所遭遇的营商环境，还是经营战略、公司内部人脉等，这类人掌握的信息和资源都是外聘人才所无法比拟的。且业务和产品群越多的大公司，这种倾向就越强。"

"因此，要想成为一家伟大的企业，就必须在公司内部不懈地培养人才，根据公司的愿景，在组织中寻找最合适的接班人。"柯林斯在书中这样主张道。

当然万事不能一概而论，社会上也曾有过聘用外部人才后取得成功的案例。

提到日本企业中的典型案例，应该就是2010年重振因巨额负债而破产的日本航空（JAL）公司的"京瓷"创始人稻盛和夫。

当时，稻盛和夫只带着寥寥几名工作人员来到日本航空公司，出任董事长一职，之后用了三年左右的时间重振公司。稻盛和夫与柯林斯的主张截然相反。

"从外部聘请的经营者不会被这家公司固有的价值观所束缚。尤其是当公司的企业文化对经营造成了负面影响的时候，外聘人才就能在这种情况下果断地除掉这些弊病。内部人员没有意识到的问题，外部的人则能看得一清二楚。"

在经济杂志《日经商业》就回顾重振JAL那段经历的采访中，稻盛和夫曾这么说道。

内部提拔的人员中，有的人可能会对公司的所有业务都了如指掌，并能制定出准确的经营战略，成功完成接班任务。相反，也有的人会被公司以往的经营方式所束缚，不敢大刀阔斧地进行改革，最终导致经营失败。

是内部提拔还是外部招聘？

由此可以得出的结论是，在接班人的选择上，结果说明一切。

柯林斯曾称赞过美国通用电气公司是一家培养优秀经营者的组织。公司的克罗顿维尔管理学院在此方面尤为知名，其严苛的领导人培养项目受到了全球人事专业人员的关注，曾培养出了杰克·韦尔奇、杰夫·伊梅尔特等多名传奇经营者。

一时间，很多企业效仿美国通用电气公司的领导培养法，并引进通用电气公司采用的六西格玛经营管理方法和企业大学等制度。

然而，到了2017年，通用电气公司却陷入了经营不善的困境中，同年接任首席执行官的约翰·弗兰纳里，在工作了将近一年后被迫引咎辞职。如今，曾担任美国产业设备巨头丹纳赫首席执行官的劳伦斯·卡尔普正为通用电气公司的重振而忙碌不已。

将优衣库培育成世界品牌的迅销会长柳井正，过去在接受日本经济新闻采访时，对于接班人这样谈道。

"我认为接班人必须是公司内部人员。因为从外面进来的人难以得到大家的支持。我所说的支持，并不是说喜欢或讨厌这个领导，而是说会服从这个人的意思。为此，领导人就必须对下属做出具体、准确的指示。经营是不能靠模糊的概念和方针拯救的。没有具体的、针对性的措施是解决不了问题的。"

虽然柳井正是这么主张的，但他也曾两次分别从公司内部和外部指定接班人，最后却都未能如其所愿，直到现在，都由他本人继续担任领导人。

柳井正的盟友，软银集团的董事长孙正义也曾在2015年指定前谷歌公司高管，印度人尼克什·阿罗拉为接班人，但在约一年后便撤销了这一决定。现在的软银集团的领导仍然是孙正义，接班人选对于软银集团来说，也是一个棘手的问题。

即使再有能力的经营者，也无法一劳永逸地指定接班人。陷入经营危机的乐高也将在这一最难的挑战中艰难前行。

公司内部没有危机感

时间再次回到1998年。

创业家兼首席执行官克伊尔德·柯克·克里斯蒂安森终于没有退路可走了。20多年来，克伊尔德·柯克长期担任首席执行官一职，并将丹麦的乐高公司发展为世界级品牌。但这样卓越的经营才能也无法应对环境变化带来的冲击。克伊尔德·柯克使出浑身解数却都悉数失败，曾经辉煌一时的乐高品牌迅速褪色。

其中的问题，就在于克伊尔德·柯克的危机意识并没有传达到一线工作的员工们当中。"20多年漫长的成功经历让乐高公司这个组织变得迟钝散漫。明明危机迫近，内部职场却一片'祥和'。"

一位乐高公司前员工这么回忆道，并说："很多员工对乐高公司过往的荣耀深信不疑，相信公司会和从前一样，不变的日常会永远持续下去。"

但无论乐高公司如何增加产品投放数量，孩子们都没有回到乐高积木的身边。在销量低迷的境况之下，只有堆积如山的库存和成本在不断增加。

早在 1998 年的秋天，乐高公司就被曝出创业以来首次亏损。

"需要换领导了。"

同年 10 月，克伊尔德·柯克终于下定决心。他宣布退出乐高公司的管理，并从外部聘请新的领导人。

最终，乐高公司请了一位名叫保罗·普罗曼的人物。普罗曼曾以首席运营官的身份带领经营不善的丹麦高级音响设备制造商邦及欧路夫森走出困境，实现重建。

重建者

邦及欧路夫森公司作为拥有独创设计的高端品牌享誉全球。日本也有不少其狂热的粉丝。

被广播的魅力所吸引的企业家彼得·邦格和朋友斯文·奥尔夫森于 1925 年创立了邦及欧路夫森公司，专门从事

第3章 "乐高星球大战"的功过,因放弃积木而失去的竞争力

音响设备和周边设备的开发。1939年,邦及欧路夫森开发了收音机,正式走上了音响设备制造商的道路。

熬过了两次世界大战,战后邦及欧路夫森公司起用雅各布·延森等著名的外聘设计师,构筑了独自的设计开发手法。其独特的世界观深受音频发烧友和设计师的喜爱,并催生了一大批忠实粉丝。

但进入20世纪90年代后,乐高公司经营开始陷入僵局。

究其原因,就是产品和顾客需求之间出现了错位。由于邦及欧路夫森过于注重设计,导致它的市场份额逐渐被日本制造的功能性更好的音频设备抢走。本是强项的邦及欧路夫森公司独特的世界观,不久后开始被外界批评过于自我,粉丝们的心也逐渐越走越远。

不过在普罗曼出任首席运营官后,邦及欧路夫森公司成功地改变了这一状况。普罗曼上任后,精简了组织和业务,并将资源重新投入邦及欧路夫森公司的优势领域,即设计开发上来。

没过多久,邦及欧路夫森公司成功地起死回生。

邦及欧路夫森公司发源于丹麦,公司的经历和企业文化都与乐高公司相近。且两家公司经营不善的主要原因也相类似,在所有人眼中,有过成功拯救企业经验的普尔曼就是重振乐高的不二人选。丹麦当地的报纸在当时甚至大书特书"创造奇迹的男人来了",克伊尔德·柯克也对他的能力十分期待。

一头白发英姿飒爽的普罗曼，无论在外表还是精神上，就像是一位精力充沛的硬汉。

在成为乐高公司接班人后的第一周，他便花了约两个小时的时间乘坐飞机从位于巴黎的家中到达乐高公司总部的所在地比隆，还没来得及喘口气，就开始参加大大小小的会议。"普罗曼头脑清晰，思考问题很有逻辑，刚上任就果断地做出一个又一个的决策。他是典型的领导强人。"

一位乐高公司员工回忆道。

克伊尔德·柯克虽然在形式上还是首席执行官，但实际的执行者已变成首席运营官普罗曼。

处在风口浪尖的积木价值

普罗曼上任伊始，便立刻在乐高公司内部视察走访。他精力充沛地来到各个一线工作场所了解情况。于是，他很快明白乐高公司萎靡不振的原因。

乐高公司的品牌影响力至今依然强大。除了孩子，它还赢得了家长的极大信任。但是，乐高积木玩具的这个核心竞争力如今已经走到了一个危急关头，然而很多一线职员却并没有察觉。

对乐高公司内部的情况了解得越多，普罗曼就越发认为积木的开发和制造这一事业就像是到了保质期一样，已经没有什么价值了。尽管如此，员工还是对这一现实视若无睹。

"事业一旦失势就很难重振。与其这样，倒不如利用现在依然强大的品牌影响力建立新的业务。"

普罗曼得出的结论是，乐高积木需向消费者展示一个能够替代积木的新价值。

他在"去积木"的世界里找到了乐高的生存之道。

这就是普罗曼的想法。

"积木目前的发展举步维艰。但是，乐高公司强大的品牌影响力依旧存在。既然如此，我们就以此为突破口，开创新的乐高事业吧。"

普罗曼向乐高公司内部发出号令，表示将全面开展利用乐高品牌的商业开发。并开始仔细研究可利用乐高品牌影响力的相关业务，以期开辟出一条新道路。

从服装到露营用品

"去积木"的措施，具体来说，像是给电视节目提供播放内容等。

乐高公司的产品中，如城镇系列等，有很多都可以拍成电视节目。通过电视，乐高公司可以向孩子们宣传自己的品牌，提高乐高积木的认知度和销售额。而且通过商品的影视化，乐高公司还有望开拓版权方面的收入。

因此，普罗曼打算将版权收入这一营业模式替代乐高积木，成为乐高公司新的经济增长支柱。

于是，他便着手推动乐高公司打入能将乐高品牌转化为商品和服务的各个领域。

而乐高公司最先进入的是电子游戏领域。为此，普罗曼对乐高品牌的原创游戏进行了投资，并成立了专门的开发部门。

除此之外，他还在服装、钟表、婴儿用品、鞋子、露营用品等产品上，以及能想到的领域上进行了版权业务方面的研究。

为了提升品牌号召力，他还提出了要增加消费者与乐高的接触。

在此之前乐高公司的直营店仅有几家而已，在决策的推动下，门店数在后来增加到了300家左右，由此大大地增进了乐高公司与消费者的直接互动。此外，普罗曼还决定将位于丹麦比隆的乐高乐园推广至其他国家。计划在德国和美国等大市场上推进开设乐高乐园的计划。

"乐高星球大战"的诞生

普罗曼的改革也迫使乐高的产品开发做出改变。

典型的例子就是与曾制作过《星球大战》系列电影的美国卢卡斯影业（2012年被美国华特迪士尼公司收购）的合作。

1997年,《星球大战》这部曾经大热的电影续集将在两年

第3章 "乐高星球大战"的功过，因放弃积木而失去的竞争力

后上映，开发乐高版《星球大战》的计划也被提上了日程。

在美国市场，乐高的《星球大战》拥有超高的人气。一线的工作人员都坚信，只要把这个产品开发出来，一定会火爆市场。

然而，乐高公司的一些老高管对这一提议却面露难色。其中一个重要原因，是他们认为这可能会破坏乐高一直以来坚守的世界观。

多年来，乐高公司作为一家儿童玩具制造商，一直奉行一条不成文的规定，即"不创造一个会让人想起暴力事物的世界"，但以太空战争为灵感的《星球大战》完全偏离了这一点。

此外，如果要制造乐高版《星球大战》，乐高公司还需要向卢卡斯影业支付版权费用。就在乐高公司本身想通过版权赚钱的时候，反而要给别家公司支付版权费，这种情况让乐高公司的员工们实在难以接受。

乐高公司内部经过了几个月的反复讨论后，最终决定为《星球大战》的产品化开放绿灯。产品的开发，不应过度拘泥于以往的乐高世界观。这也是普罗曼的强烈意志带来的结果。

改变积木开发的旧观念。

普罗曼改变了乐高公司的经营体系后，在1998年，乐高公司向对产品开发影响最大的设计师团队发放了修订后的品牌手册。上面写着"乐高积木曾是我们的强项，但如今却是我们最大的障碍"。

普罗曼不断从欧洲各国挖掘人才，这些人才不拘泥于传统设计师所固守的价值观，使从前循规蹈矩的设计师能活跃的空间逐年减少。改变乐高公司以往的传统，在设计开发上不设限的氛围在公司内迅速传染开来。

开发没有乐高特色的乐高积木

久而久之，乐高公司内部开始开发出了不拘泥于传统且充满野心的产品。

其中之一就是 2002 年推出的"加利多"（Galidor）系列。这是一款专为喜欢战斗和激烈动作的男孩子开发的乐高商品，其积木零件不能与其他乐高积木兼容。虽然品牌名称中带有乐高的字样，但内容上却与以往的乐高积木大不相同。这是一款不拘泥于常规的产品，在当时受到了很高的评价。

除了加利多系列，乐高公司还推出了"杰克·斯通"（Jack Stone）系列。这也是一款与传统产品互不兼容的玩具。据说，这些与以往的乐高系列既相似又不相似的设计，让很多乐高员工们感觉有些违和。

但普罗曼却对这些打破传统的商品给予了很高的评价。此外，乐高公司也开始重新审视传统乐高产品的开发。

一直受到幼儿父母支持的"乐高得宝"，因不适合体现乐高公司的新价值而被迫停止开发。对得宝产品的执着，在当时的乐高公司内部被认为是囿于传统的束缚。

普罗曼一气呵成地启动了新事业，同时也在人事上进行了彻底的整改。

自普罗曼上任后，便辞退了当时所有从业人员的 10%，即约 1 000 人离开了公司。如此大规模的裁员，是自乐高公司创业以来的首次。

改革带来的功过

彻底降低成本，建立替代乐高积木的新盈利支柱：作为从外部聘请过来的重振者，普罗曼正有条不紊地推进经营的改革。

但对于很多习惯了乐高公司延续 40 多年的传统的员工来说，普罗曼接连推出的措施就等于一剂猛药。据说，以老职员为中心的公司内部人员对普罗曼抱有诸多不满。

在普罗曼出任首席运营官三年后，人们逐渐地发现，去积木的改革就像一把双刃剑，有功亦有过。

在"功"方面，最重要的是经营的改革让公司活跃起来了。原本墨守成规的公司变得愿意去挑战新事物，变革在组织中酝酿出了一个新的职场氛围。

事实上，在新环境下，改革也确实带来了一些成果。

普罗曼不顾高管的反对，推出的星球大战系列产品成为乐高史上最畅销的作品。以电影的人气为原动力，2002年12月乐高的营业利润达到8.3亿丹麦克朗（约138亿日元），刷新了当时的最高利润纪录。

经此成功后，乐高公司开始与各大热门电影作品进行常规性的合作。《哈利·波特》《夺宝奇兵》等热门电影的乐高版商品陆续被开发出来。

乐高公司与电视节目的合作也取得了良好的效果。

关于乐高公司的电视节目受到了观众的关注，这一营销手段为乐高做了很好的宣传。此外，乐高公司还将在电视节目中积累的原创动画制作经验，灵活地运用到后来被开发出来的"乐高朋友""乐高忍者"等独创的游戏主题中。

乐高品牌的影响力，也由此再一次得到了证明。

包括游戏、主题公园、服装等，多项新改革都进展顺利。以1997年发售的电脑游戏"乐高岛"为契机，乐高成立了名为"乐高媒体"的游戏开发部门。除了动作游戏，乐高公司还积极开发了多种类型的游戏，包括国际象棋、拼图等益智类游戏等。

乐高乐园也从丹麦扩展到了英国、德国、美国以及日本。无论哪个国家都很看好乐高，很少有人对其有负面印象。

普罗曼坚持的去积木改革，将乐高公司的价值从积木本身转移到了乐高品牌身上，乍一看这次的战略似乎很成功。

第3章 "乐高星球大战"的功过，因放弃积木而失去的竞争力

"这不是我认识的乐高"

但好景不长。

原本被寄予厚望，替代积木成为新利润来源的新事业，却逐渐出现问题。原来，随着时间的推移，普罗曼改革中的"过"的一面逐渐地显现出来。

比如，星球大战这一爆款系列，尽管在续集电影上映的年份销量会飙升，但在没有电影上映的年份，业绩却大幅下滑。

电影的上映和乐高公司的业绩紧密相关，导致乐高的经营缺乏稳定性。而且在公司内部还萌生出了蹭外界作品的热度来提高销量的想法，也使得开发乐高公司的产品的能力也有所下降。

其相关的游戏、电视节目等其他事业也一样。

尽管蹭热度的方式在刚开始确实能提高销量，却并不是长久之计，很多产品会随着热度的降低而逐渐黯然褪色。

乐高公司之前利用既有产品加杠杆的营销方式，还是以失败告终。

孩子及其父母对"杰克·斯通""加利多"等与现有乐高积木不兼容的产品并不感冒。粉丝们也并不买账，更多的是表示"这不是我认识的乐高"，产品的销量远不如想象中的好。

更严重的是，不少消费者认为乐高积木失去了自己的特色，并对品牌变得冷淡，很快就对乐高积木失去了兴趣。

无法统揽的乐高公司

结果是，在星球大战系列产品的发售取得最高收益的仅仅两年后，即 2004 年 12 月，乐高公司就陷入了当期损益 18 亿丹麦克朗（约 333 亿日元）的赤字困境之中。

最严重的还是因不断投入新事业而累积的负债。2003 年，公司自有资本比率为 26.7%，短短一年后降至 5.9%，乐高公司面临着创业以来的最大危机。

当初开局良好的新业务，为何会无法持续下去呢？

原因之一是乐高公司习惯于掌控全局。在决定业务多元化之前的决策都还是没有问题的，但是乐高公司在经营中，习惯于将大部分的工作独揽一身。开展新事业后的各项工作都是乐高公司的员工们全权负责管理，然而这些员工在此之前都只是在积木的策划、制造、销售等方面有经验，对其他的业务几乎一概不知。

一位曾在比隆总部负责市场营销的员工，却被派去美国，负责即将开业的乐高乐园的运营。乐高公司想让从事积木玩具制造工作的员工参与完全未涉足过的另一个领域的事业当中。虽然当时并不是所有员工都无法适应新的工作内容，但这一做法还是让许多人员感到困惑，不满之声不绝于耳。

一位了解当时情况的乐高公司员工回忆道："单靠只有积木开发经验的员工，是根本不可能胜任主题公园的运营工作的。"

当然，普罗曼特意派遣员工是有他的理由的。那就是维护乐高的品牌，保持产品和服务的品质，这些都需要乐高公司出身的员工们亲自负责管理。他认为如果不这样做，乐高公司的世界观就可能会崩塌。

但一下子扩大的业务，已经超出了公司的承受能力。

仅靠公司职员是无论如何也不可能处理好所有事情的。渐渐地，这种运营方式的弊端就显现出来。

错误的改革顺序

以强大的乐高品牌影响力为杠杆拓展的版权业务，与影视节目的联手，以及主题公园的海外扩张……

普罗曼提出的这场华丽变革，似乎一度取得了成功。但这并未带来业绩的持续回暖，反而让乐高公司的颓势逐渐显露。

美国麻省理工斯隆管理学院讲师、分析乐高公司管理的《乐高为何能在世界上常青——支撑最佳品牌创新的七条真理》一书的作者大卫·罗伯逊在接受我的采访时，这样评价普罗曼在这一时期的管理，"普罗曼推进的改革在内容上都是对的，问题出在顺序和时机上。乐高公司当时的资源明明不够充足，但普罗曼却急着将所有措施都一次性推进，这么做是不合理的"。

事实上，乐高公司后来在提名为首席执行官的约恩·维格·克努德斯托普的带领下涅槃后,开始推行与普罗曼同样的多元化策略。普罗曼说服乐高公司高管推出的星球大战系列,至今仍作为乐高公司的热门产品为营收做出巨大的贡献。

"遗憾的是,普罗曼推出的很多措施,对乐高公司来说还为时尚早。这些决策明明都是对的,但时机未到也只能以失败告终。那么什么时候才是最佳时机呢?这只有实践过后才能知道。所以说,管理并不是一件简单的事。"

罗伯逊如是说道。

2004年1月,普罗曼被解除首席运行官一职,悄然离开了乐高公司。虽然普罗曼成功地重振了邦及欧路夫森公司,但在乐高公司却没能留下同样的结果,他就这样悄无声息地离开了乐高公司的舞台。

差点要卖掉自己的乐高公司

聘请普罗曼来改革的克伊尔德·柯克,因改革的失败而不得不重新执掌乐高公司。

但乐高公司已经没有退路了。

由于普罗曼让乐高公司开发多个事业,导致公司负债累累。担心乐高总部资金周转有问题的相关金融人士,连日来不断出入乐高公司总部。

早在2003年前后,"乐高考虑出售公司"的传闻就开始在

第3章 "乐高星球大战"的功过，因放弃积木而失去的竞争力

金融界和新闻从业者中议论纷纷。

摆脱传统的积木经营，积极挑战新事业的构想，曾一时间让乐高公司士气大振。然而，之后变革的失败却也给公司带来了剧烈的动荡。

本章开头曾介绍过的经营学家柯林斯在著作《远见公司衰落的五阶段》中直截了当地说明了企业的衰败之路。

第一阶段是"由成功产生的傲慢"；第二阶段是"无规律的扩张路线"；第三阶段是"否认风险和问题"；第四阶段是"追求一击反超之策"；第五阶段是"屈服和沦为平庸的企业或消失"。

通过积木玩具获得成功，并构建了世界一流品牌的乐高，确实在走向世界企业的道路上努力奔跑（"由成功产生的傲慢"和"无规律的扩张路线"）。

但后来却不肯接受环境的变化，让自身陷入了危机之中（"否认风险和问题"）。

接着聘请了普罗曼这位外部人才，抱着赌一把的心态寻求逆袭（"追求一击反超之策"）。对照柯林斯的理论，在新接班人的带领下尝试大改革，然而最后却失败的乐高正是处于理论的第四阶段。

照此势头，进入"屈服和沦为平庸的企业或消失"的第五阶段也只是时间问题了。最重要的是，对于克伊尔德·柯克来说，此时已经难以找到下一任接班人了。自己选定的人

重建公司失败后，如今又有谁能够承担让乐高公司重生的重任呢？

万事休矣——

被逼到绝境的克伊尔德·柯克把这最后一次让乐高公司谷底翻身的重任，委托给了一位刚入职乐高公司三年、仅35岁的年轻人。

乐高公司第三代领导人克伊尔德·柯克·克里斯蒂安森（左）与拯救乐高于水火之间的约恩·维格·克努德斯托普

第 4 章

**创新源于约束，
绝境中的重建**

乐高公司的第三代掌门人克伊尔德·柯克·克里斯蒂安森，当他再次被逼入绝境时，于世纪之交聘请保罗·普罗曼作为乐高的重建人，并让其担任首席运营官一职，然而普罗曼的改革最终还是失败了。

普罗曼采取的措施，按常规来说，确实是合情合理的。

但给公司内部带来的冲击实在是太大了。他提出"去积木"方针，不仅让员工陷入了不必要的焦虑，也让粉丝们的心渐渐远离乐高。

失去了粉丝信任的乐高积木，业绩一下子暴跌。

2004年12月期的财报显示，乐高公司连续两年陷入亏损，当期亏损达18亿丹麦克朗（约335亿日元），创历史最差业绩的纪录。乐高乐园和品牌的版权事业等最初被期待为重建支柱的多元化事业路线的进展也受阻，47亿丹麦克朗（约874亿日元）的有息负债沉重地压在乐高财务的头上，股权比率降到5.9%的危险临界点。

"乐高积木原本是公司的优势，但是自不再开发之后，乐高完全失去了原有的魅力。"

这就是老乐高积木粉丝对那一时期乐高的真实印象。

已无后路的克伊尔德·柯克迫切想要选定取代普罗曼的掌门人。但是，寻找人选又是一件非常困难的事情。

乐高公司的经营状况比普罗曼担任重建人的时候更加糟糕。是该外聘高管，还是从内部提拔人选？到底谁会愿意为乐高背水一战呢？

经过一番苦闷的思考后，克伊尔德·柯克决定叫出一个男人。他就是约恩·维格·克努德斯托普。一名入职乐高公司仅三年且曾是一名顾问的员工。

拥有教师资格证的前麦肯锡顾问

克努德斯托普的身高超过 1.8 米，络腮胡和常常佩戴着的圆框眼镜成为他的个人标志。虽然他那庞大的身躯给人一种不怒自威的感觉，但脸上露出的笑容却又能让周围的气氛瞬间缓和下来。

克努德斯托普在丹麦西部的腓特烈西亚长大，父亲是名工程师，母亲是一位幼儿园教师。和很多孩子一样，克努德斯托普也是在乐高积木的陪伴下度过了童年，后进入丹麦名校奥胡斯大学，学习管理学和经济学。

他在研究人口动态对经济影响的同时，还持续关注着子女教育领域，并在大学毕业后取得了教师资格证。

之后，克努德斯托普进入美国的麦肯锡公司工作，在那里学习了许多制定战略的基础知识。克努德斯托普表示，虽然在麦肯锡公司的每一天都过得十分充实，但到最后也没能适应连睡觉时间都几乎没有的高压工作环境。

2001年,克努德斯托普接受猎头公司的邀请加入乐高公司。他表示,乐高公司虽然不是他在麦肯锡公司工作时的直接客户,却是一家令他向往的公司。

入职乐高公司后,他利用顾问的经验,负责公司内部的各项目管理工作,并着手解决了诸多问题。

当质量管理有问题时,他就会去制订管理进度表;当生产系统运行出现异常,他便会召集相关人员召开会议解决问题。

富有才华且性格平易近人的克努德斯托普,很快就融入了乐高公司,解决了公司内部的各种问题,并拓展了自己的人脉。

他的出色表现很快被乐高公司高管所熟知,入职第三年,便被安排负责整个公司的经营策划。

濒临破产的乐高公司

这样努力的克努德斯托普也对乐高公司的处境感到忧虑。为此,他曾定期分析乐高的经营状态,并将之汇报给克伊尔德·柯克等高层。

"如果不采取任何措施,再过几年,乐高公司很可能会陷入破产的境地。"从数字上看,乐高公司的危机显而易见,但很多高管却不愿意面对这一问题。在这种情况下,克努德斯托普跟高层正面讨论起这个问题,逼迫高层做出回应。克伊尔德·柯克似乎对他的坚定和勇气给予了很高的评价。

后来，克努德斯托普在谈到被克伊尔德·柯克提拔为首席执行官的原因时，是这样说的。

"曾让众人期待的经营专家离开后，乐高公司已经没有其他合适的人选了。在剩下的选择中，负责全部公司战略和财务工作的我是最合适的人选。"

克伊尔德·柯克从未在公开场合明确说过提拔克努德斯托普的原因。不过，事到如今，乐高公司显然不太可能再从外界找到能负责重建乐高的经营者了。

克伊尔德·柯克从父亲手中接任首席执行官的时候，正好跟当时的克努德斯托普差不多大，最后，他赌上了克努德斯托普的年轻和气势。

如果这次再失败，乐高公司就没有未来了。这是一场孤注一掷的赌注。

这个年轻人能担负起复兴乐高公司的重任吗？

克努德斯托普被提拔自然让公司内外所有人感到惊讶和困惑，同时也受到一些人的欢迎。无论是好是坏，他的年龄还是受到了人们的关注。克努德斯托普当时才35岁，且入职乐高不过三年而已。

虽然他曾在世界著名的麦肯锡公司从事过顾问工作，但并没有亲自管理公司的经验。这样的年轻人，能否担当起丹麦世界级玩具企业的掌舵人？对他来说这个担子是否太过沉重了……

对于这位年轻人，乐高公司的老员工纷纷表示不放心。

可是已经别无选择了。尽管周围有许多表示不安的声音，克伊尔德·柯克还是坚持了自己的判断。

于是，克伊尔德·柯克首先任命克努德斯托普为首席运营官，负责乐高公司的管理和执行工作，同时表示自己将继续担任首席执行官。

在同一时期，从丹麦大型金融机构丹斯克银行挖来的首席财务官叶斯泊·欧文森也加入乐高集团，克伊尔德·柯克以三驾马车的体系力图让乐高集团东山再起。

对于克努德斯托普来说，克伊尔德·柯克就像是经营场上的模拟对手。克努德斯托普把各种想法与克伊尔德·柯克商量，两人间产生出许多碰撞。克伊尔德·柯克会一边聆听他的反馈和决策，同时也会给出各种建议，但最后总是让克努德斯托普做出最终的判断。

"我认为我提出的有些东西并不符合克伊尔德·柯克的想法，但他仍然支持我的任何决定。"

克努多斯托普回忆道。当然，克伊尔德·柯克也别无选择了。

以生存为先

美国硅谷著名风险投资公司安德森·霍洛维茨的共同创始人本·霍洛维茨的著作《创业维艰》中,有关于经营者在公司"平时"和"有事"时的不同角色变化的记述。

"商业中的'平时',是指公司的核心业务跟竞争对手在竞争上有绝对的优势,并且市场在不断地扩大。平时,企业只要把精力放在扩大市场规模和自身优势上就可以了。而'有事(或战时)',则是关系到公司存亡的危机迫在眉睫的状态。造成这种威胁的原因有很多,包括竞争对手的出现、宏观经济环境的剧变、市场变质、供应链变化等。"

"平时的首席执行官知道并遵循'胜利方程式'即可维护好公司运营。但有事时,首席执行官如果不打破原来的既成概念就无法取胜。平时情况下的首席执行官可站在高位统揽大局,具体一些琐碎事务就交给下属负责。但有事时,在一些涉及公司运营的根本性问题上,首席执行官就需要不放过任何细节。平时的首席执行官为了广纳人才,需要有完备、高效的人事团队负责招聘事宜。有事时的首席执行官也要做同样的事情,但同时,人事部门还需果断地实行大规模裁员。"

霍洛维茨以自己的亲身经历阐述了在平时和有事时的首席执行官应该要有的不同责任,这点不仅适用于创业公司,更适用于所有的企业经营者。乐高公司在当时按照霍洛维茨所述的，就是属于"有事（或战时）"的状态。

乐高公司需要的正是克努德斯托普的战时领导力。

"我的妻子是一名外科医生，借用她的话说，当时的乐高公司，顾名思义就是濒死的状态，就像是被送到急救医院需要进行紧急手术的患者。首先要给他止血，让他的身体恢复平静。最重要的是要让患者活下去。当时的乐高公司因巨额负债而处于奄奄一息的状态，迫切需要马上清除其中的不良资产。"

克努德斯托普追忆道。

在紧急情况下，公司不需要重新定义公司理念，也不需要编写公司的成长故事，虽然这些都是顾问擅长的工作。公司目前最需要的是让自己活下去，所以克努德斯托普上任后的第一步就是进行公司的结构性改革。

裁员三分之一

首先，克努德斯托普决定裁员 1 200 人，这占全体职员的三分之一。同时他还减少了人均办公空间，处理掉董事办公室里的豪华沙发等装饰品。"不能继续发展的公司，是无法给孩子梦想的。"

在公司内，他敢于始终扮演着严厉的战时领导人角色。前首席运营官普罗曼拓展的业务中，一些无利可图的，都纷纷被克努德斯托普清除或转让出去。

同时他还关闭了乐高公司的直营店，将电视游戏业务让渡给与其合作的软件公司。在乐高公司产品方面，停止生产与既有产品不兼容的"杰克·斯通"等产品。这一时期的乐高公司产品一下子减少了三成。

此外，他还关闭了位于欧洲的多家生产工厂，乐高乐园曾是谁都不能撼动的"禁区"，但克伊尔德·柯克一直坚持到最后的乐高乐园经营权，也最终被转卖给了美国的投资基金。

在乐高公司猛烈的重组之下，原本乐高公司在2003年的总资产为87亿丹麦克朗（约1 574亿日元），到2005年总资产减少到70亿丹麦克朗（约1 309亿日元）。削减的其中大部分都是无利可图的事业。

在疯狂转让事业的过程中，克努德斯托普与高层达成了一项协议。那就是将乐高公司的发展暂且放置一边。

虽然公司已经在进行裁员，但绝不能就此掉以轻心。假如公司在这个严峻的局面下再次强行发展，就会让员工们误认为危机已经过去了。

"但事实上，乐高公司并没有解决任何问题。所以无论如何都需要避免让乐观的情绪在公司内蔓延。"

克努德斯托普谈道。

明确规定重建期限

在整顿乐高公司的过程中,克努德斯托普定下了裁员的期限。他认为,要想在危机下保持员工的动力,就必须明确提出一个期限,好让员工们心里有个底。

首先,在接下来的三年时间里,克努德斯托普决定将乐高公司的发展暂时放置一边,重点进行业务的调整,也就是要想尽办法让乐高公司能活下去。倘若成功,之后将重新构建乐高公司和调整商业模式,为乐高公司的发展做好铺垫。

"我们很难同时做好一切。"

克努多斯托普曾这样告诉员工们。最终,这场收缩战线的"撤退战"花了近五年的时间。

"每天早上,我都会告诉妻子,今天可能是乐高公司的最后一天了。但到了晚上,就会说总算挺过了这一天。等我回过神来,一晃几年过去了。"

在克努德斯托普的努力之下,到了2005年,乐高公司的裁员终于初见成果。

2001年12月期的财报显示,当期乐高公司的有息负债为78亿丹麦克朗(约1 224亿日元),到了2005年12月期减少到4亿丹麦克朗(约643亿日元),乐高公司终于开始看到了摆脱危机的曙光。

在乐高公司深陷窘境的2004年,克努德斯托普带领乐高

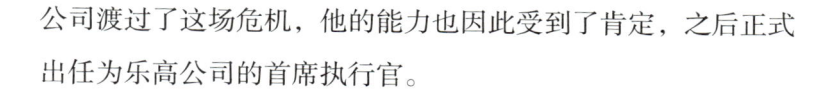

公司渡过了这场危机，他的能力也因此受到了肯定，之后正式出任为乐高公司的首席执行官。

乐高积木就像是一本乐谱

在应对危机的同时，克努德斯托普也在为乐高公司的重生制定战略。成为接班人后不久，他就和克伊尔德·柯克、首席财务官欧文森等高管待在总部的一间房内，反复讨论应该让乐高公司再次走上怎样的发展道路。因为乐高公司曾经迷失在试图抛弃积木的歧路上，所以讨论这一问题的本质其实是解决该如何重新定义乐高公司价值的问题。

那么，曾经因为去积木的改革而摇摇欲坠的乐高公司价值该如何找回呢？

包括克努德斯托普在内的高管们为此几乎每天都促膝长谈。前首席运营官普罗曼采取的多元化方针本身并没有错。问题在于，去积木的改革推进得过快，使得原有的基础业务在新事业尚未扎根的时候就被过度削弱。

乐高公司强大的根本还是在于积木，而如何才能重塑原有的强大就成了争论的焦点。

连日来，克努德斯托普提交了无数个方案。克伊尔德·柯克和欧文森对此进行了研究，并给出了反馈。他们就像练习拳击一样，来回不断进行探讨。

克努德斯托普回忆道："当时提交的大部分方案都被驳回，或是被不断地进行探讨。但是，我们三人都再次认识到，积木的价值对于乐高公司来说是多么的重要。"

经过半年多的讨论，三人终于得出了结论。

那就是，把资源集中到乐高公司的真正价值上，也就是回归积木。

乐高公司的真正价值是"组装体验"（Building Experience），即提供通过玩积木而获得的乐趣。虽然乐高积木在质量上堪称业内骄傲，但比起质量，更重要的是，孩子们从组装积木的过程中感受到乐高积木的魅力。这一点才是乐高积木的中心价值。

"乐高积木，通俗地说就像一本乐谱。"

克努德斯托普经常这样比喻乐高积木。

练琴时，我们最开始会对着样本乐谱进行练习，熟能生巧之后，便能掌握演奏的方法。

虽然自由地弹奏音乐也是一种乐趣，但学琴时，最开始我们都会先拿各种练习曲进行练习，然后慢慢地能看着乐谱演奏。乐高积木和学琴较为相同，既可以自由地组装道具，也可以边看范本边玩。

能够提供这两方面的价值是乐高积木的独特之处。

"作为玩具制造商的乐高公司，首先应该集中精力地创作出让孩子们想要学习演奏的'乐谱'。"

有了充满魅力的"乐谱"，就能吸引更多的孩子选择乐高积木。这是乐高积木原有的优势，也是真正的价值所在。

克努德斯托普等人得出了这样的结论后决定推进改革，以恢复乐高公司的本质价值。

只做积木的开发和制造

从克努德斯托普自身的经历来看，这个判断似乎是正确的。许多乐高积木的消费者将乐高玩具在几代人手里传承下来，父母把他们学会的有趣玩法教给孩子，孩子学会后又将这些玩法继续传下去，传给一代又一代。

可以说，有多少对亲子，就有多少种乐高积木玩法。如果父母和孩子拥有的乐高玩具足够多，乐高积木的玩法就会被无限扩大。

按这一说法，普罗曼时代的部分"遗产"也可以很好地被后代传承和有效利用。

比如"乐高星球大战"。该系列是与电影《星球大战》合作的联名款，也是父辈们熟悉的电影作品，把它用作亲子互动的玩具未尝不是一个好办法。不仅孩子玩得不亦乐乎，父母也可以在星球大战这个宏大的故事中发挥自己的想象力，投入各种积木组装的乐趣当中。

同理，与故事性作品合作的游戏主题，应该也能带给孩子，乃至一代又一代的广大粉丝不一样的梦想。

另外，克努德斯托普认为乐高公司还应该从普罗曼时代的失败中吸取经验教训，明确自己的竞争优势，也就是乐高公司不能脱离积木的开发和制造。

如果失去了自身的本质价值，乐高就会失去存在的意义。

与影视节目的合作、开发电子游戏等事业，是通过各种形式向孩子们展示乐高积木的有力手段。但除此之外，乐高公司还应该始终坚持开发、制造并出售积木。因为这是乐高公司自身最大的优势。让人练习和了解用的"乐谱"依然要不断创作出来，但它最终也是为了让人们去购买乐高积木。

"乐高公司的业务不能脱离积木的开发和制造。"

克努德斯托普此时开始明确决定要做什么，不要做什么，并将其定为经营乐高公司的一大原则。

做出了决定后，如何向公司内部传达这种想法又成了一个问题。如果只是简单地口头说明，是很难改变员工们的意识的。为此，就需要一个具体的榜样，让大家能知道该具体怎么做。

幸运的是，这个榜样产品适时地出现了。

那就是2001年发售的"乐高生化战士"系列。

被故事吸引的孩子们

"乐高生化战士"以一座名为马塔·努伊岛的虚构孤岛为背景，讲述了六位主人公与统治该岛的邪恶敌人战斗的故事。

六名战士各自都具备了象征大自然的"元素力量",并身负使命寻找能提高这种力量的面具。虽然故事稍显阴暗惊悚,但暗藏玄机的内容却成功抓住了孩子们的心。

该系列积木采用了齿轮关节和球形关节这两种新型结构,产品瞄准了当时以美国市场为主流的动作手办领域。

充满魅力的故事成为产品销售的原动力,让乐高公司进军手办市场时,受到了孩子们的欢迎。

乐高生化战士的独特之处不仅在于产品开发。在营销方面,也采用了将原创故事通过网络漫画、小说等多种方式推广的手法。这是乐高公司过往未曾尝试过的宣传方式,大大地吸引了孩子们的关注。

这些新的尝试让乐高生化战士在市场上大受欢迎。当时,除去星球大战和哈利·波特系列,生化战士系列创下了乐高原创商品销量新高的纪录。之后,更发展成为持续十年以上的长期畅销品。

在经营不振中出现的这一线曙光,让管理层为之沸腾。克努德斯托普也把它当作一个成功模式,在后续的产品开发中也都对这一模式有所借鉴。

开发周期短也能做出好产品

在当时,乐高生化战士有几个重点影响了乐高公司的发展体系。

一是有吸引孩子们的故事。神秘的生化故事与以往重视和平世界观的乐高公司路线截然不同。然而，其独特的世界却成功地抓住了孩子们的眼球。为了维护品牌一直以来的形象，统一世界观固然重要，但故事没有魅力，就无法制造爆款。所以乐高公司需要重视产品的主题内容。

二是产品开发的推进方式。在乐高生化战士中，产品的评价不是由公司内部的设计师定夺的，而是由孩子们来主导的。在此之前的乐高积木设计师未曾听取孩子们的意见，而设计师的意见和考量却对产品的定性有着很大的影响。

但乐高生化战士却扭转了这一考量比例。产品内容不再仅由公司内部决定，乐高变得更多地听取孩子们的意见，并尽可能地具体到细节。因为乐高产品的最终用户是孩子，所以孩子们的声音更有听取的价值。从结果来看，孩子们的建议确实很重要。

三是减少了产品的开发周期。当时，乐高积木平均花费两年的时间才能开发出新产品。因为很多员工都曾认为好事多磨，好的产品自然需要长时间的开发和制造。

然而，乐高生化战士引进了将故事内容通过小说和漫画的形式进行推广的新措施，为此需要以半年一次的速度开发新作。为了尽可能地缩短开发周期，提高效率，从产品策划阶段开始，不仅是设计师，还有营销和生产一线的负责人也要参与会议，乐高公司自然而然地就形成了一个跨部门式的开发体制。

"即使开发周期短，只要在体制上下功夫，就依然能做出好的产品。通过分析生化系列产品的成功秘诀，我们慢慢看到了乐高积木开发的不足之处。"

克努德斯托普回忆道。

构建持续热销的机制

获得启发的管理层开始制订新的产品开发流程。其目的是建立一个能持续开发热销产品的新机制。

经过反复试验后，乐高公司最终制订了一个涵盖产品策划、开发阶段的机制。

根据机制，乐高公司在开发新品时，首先会从要素分解的过程入手。

具体来说，要素分解要经历策划、开发制造、市场营销、转化收益这四个步骤。

商品的热销，是通过在这四个阶段中的任意一个阶段的基础上进行创新而制造出来的。其方法有改善既有产品、组合、重新制作三个阶段。

将商品化前的四个步骤与创新的三个阶段组合，就可以得出如下图所示的产品开发示意图。乐高内部称其为包含商品开发工序中所有要素的创新矩阵。

乐高传
在危机中涅槃

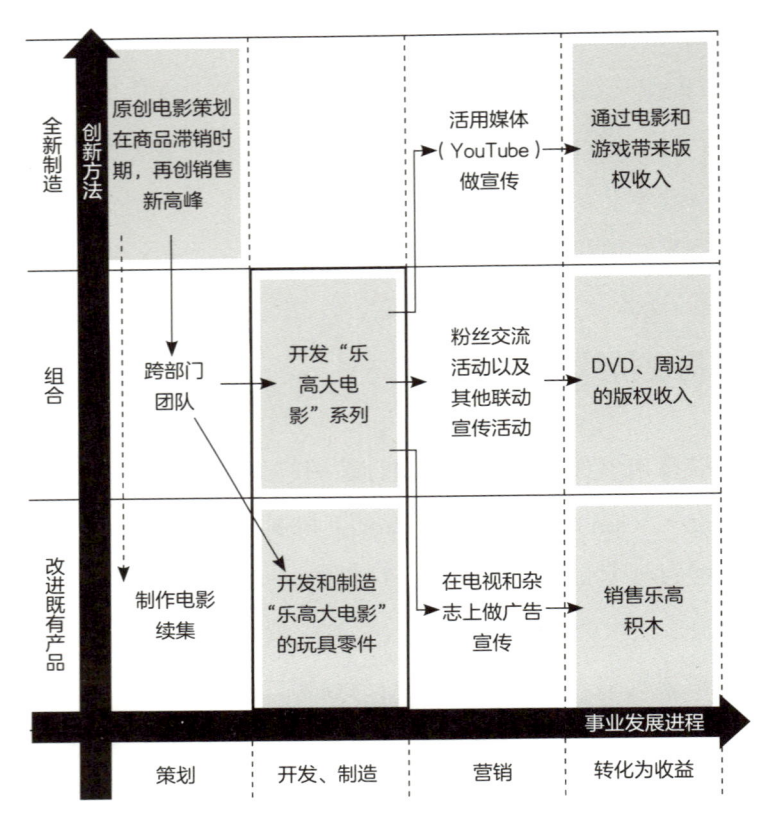

	策划	开发、制造	营销	转化为收益
全新制造 / 创新方法	原创电影策划在商品滞销时期，再创销售新高峰		活用媒体（YouTube）做宣传	通过电影和游戏带来版权收入
组合	跨部门团队	开发"乐高大电影"系列	粉丝交流活动以及其他联动宣传活动	DVD、周边的版权收入
改进既有产品	制作电影续集	开发和制造"乐高大电影"的玩具零件	在电视和杂志上做广告宣传	销售乐高积木

事业发展进程 →

注：上图为作者以收集的材料为基础，将《乐高产品制作开发方法（创新矩阵）》进行简略后的内容。

图 4-1　热销产品开发示意图（以"乐高电影"为例）

在开发新品时，新品的开发负责人，首先要在创新矩阵上详细写出该新品的开发进展到了哪个阶段，能做出什么样的创新。

创新点在哪里？从哪一步开始创新？通过如此详细的记

录，就可以客观了解团队想要做出什么特性的商品。

矩阵的重点不仅放在积木开发上，还包括从策划到销售的所有活动在内，这些重点均被定位为创新的要素。

乐高公司专注于积木的开发和制造，但并不会将创新的范围仅限于此。通过利用这个矩阵，乐高公司就可以统筹全局，把握从商品的开发到销售的所有创新。

《乐高大电影》隐藏的目标

下面就以 2014 年发售的乐高大电影系列产品为例来进行解说。这个系列最大的创新不在于它是乐高公司的产品，而在于原创电影的上映时间。

往年，玩具行业的旺季是在圣诞节时期的 1 月和 12 月。乐高积木也不例外，这段时间的销量飙升得最快。

在圣诞商战的反作用下，年初的 2 月则成为玩具业一年中生意最惨淡的时期。玩具制造商该如何解决这一问题，成了该行业的经营课题之一。

于是，乐高公司想通过在这个时候上映电影来创造新一轮的销量。

在开发过程中，乐高公司正式成立了自生化系列以来培育的跨部门式项目合作团队。公司内部从负责积木策划和电影制作的部门中选拔人员，组成联合项目团队。

在和电影制作公司沟通的同时，乐高公司也在马不停蹄地开发玩具产品，等到电影上映的同一时间，乐高公司就将这些特意开发的商品摆上店面。除了联动营销和活动策划，乐高公司还开展了相关周边的销售。

2月上映的电影大热，取得了不俗的成绩，甚至在2014年的全球票房收入排行榜中，《乐高大电影》还进入了榜单前十名。随着电影的热映，即使到了在圣诞节商战后的往年生意的淡季，乐高也成功地创造了新的业绩高峰。之后又推出了《乐高蝙蝠侠大电影》《乐高幻影忍者大电影》等电影作品，均沿袭了这一成功模式。

乐高公司现在也仍然延续着利用电影销售产品的创新举措。在2020年宣布与环球影业就电影制作达成独家协议。新系列电影的制作目前仍在推进当中。

"乐高超级马里奥"大热的原因

2020年大热的"乐高超级马里奥"也是沿用这一矩阵思路进行开发的。这里的创新在于与合作伙伴的合作形式上。

以往，乐高公司与其他公司合作时，都会忠实地再现他们的世界观，这也成了乐高公司的一套成功经营公式。乐高开发"星球大战""哈利·波特"等系列产品，都是对电影中出现的各种场景进行精心截取，然后用积木忠实还原，以期让粉丝沉浸在那些世界里。

如果按照这个定式推出乐高"超级马里奥"系列应该也会取得成功,像是制作迷你手办,再现各种马里奥路线的形式。但是,那样做又缺乏一些新意。所以乐高公司和任天堂公司的开发团队起初认为两者没有合作的意义。

图 4-2 2020 年推出的"乐高超级马里奥",可以让孩子们亲手创造出超级马里奥的多彩世界[1]

"难得有机会合作,能不能开发出一些马里奥的独有玩法?"

两家公司经过一番讨论,最终想到可以让孩子们自己创造马里奥世界。

"乐高产品可以还原超级马里奥的各种世界,但这只是

---

[1] 该图片已获得乐高公司授权,应版权方要求,在此标注。——编者注

一个例子。从起点到终点的障碍设计上，孩子们都可以自由地发挥。"

负责开发的乔纳森·贝宁克如是说道。

乐高超级马里奥可以让孩子们一边想象着原创的世界，一边用乐高积木组装出自己喜欢的路线。乐高为了让孩子们想象的世界更有身临其境的感觉，在积木的细节制作上下了许多功夫。

比如，乐高超级马里奥使用了液晶显示屏，让商品可以展现出各种富有感情的表情。嵌入玩具的陀螺仪传感器，能使玩具感应跳跃等动作，为其配的音效也很好听。马里奥读取脚下的颜色代码后，还会获得相应的硬币，或是有对应的打倒敌人的动作。

贝宁克表示："沉浸在马里奥的世界里，孩子们可以用物理的方式组装积木制作路线。这是将数字游戏融入乐高世界观的有趣产品。"

创造自己喜欢的世界，这种自由紧紧地抓住了孩子们的心，所以"乐高超级马里奥"也成了有史以来与其他品牌合作开发的产品中最为热销的。

细节上的改进也是一种创新

对于乐高公司来说，其构建的创新矩阵有三层含义。

第一，创新的对象不仅是积木的开发、制造，还要扩展到所有的商业要素。正如《乐高大电影》的创新性在于电影制作和上映时间这一策划之妙般，除了开发、制造积木，其他地方也能赋予新意。

一般的汽车和家电等制造业一提到创新，往往就只关注产品开发上的创新。而乐高公司开阔了视野，从策划到团队建设、销售方式、盈利方式等，在整个经营过程中探索了创新的可能性。

第二，创新不一定要有大改变。一听到创新，我们往往会想象到戏剧性的变化。但现实中并没有那么多的大变动。

虽然如此，但是公司平时可以在细节上进行不断改善。克努德斯托普通过矩阵让乐高的员工认识到，这些微小的改进也是了不起的创新。

第三，能产出热销商品的可视化技术和积累。

"城市""朋友""忍者"等乐高积木的主打系列都是按照这个矩阵模式开发出来的。而各自的产品矩阵又会积累不同的丰富经验，成为日后开发新品时的宝贵参考数据。

"参照过去的热销案例和失败模式，就能更容易地制定出经营战略，也知道该如何推广新的产品。"

一位了解当时情况的乐高公司的开发设计师说道。

积累知识和经验

20 世纪 90 年代的乐高公司，由于在拓展业务上过于激进而最终失败。创新矩阵就是基于此的反思而设计出来的。这种机制就是将资源集中投入积木的开发上，相关开发人员努力改良每一次的产品开发。

在创新矩阵中，因为可以清楚地看到各产品被赋予了何种程度的新价值，使得公司内部能共同使用矩阵化的示意图。从策划、制造开发、市场营销、转化收益等，实现多种视角通览商品化的步骤，从而可以客观分析产品的卖点。

其结果是，原本只对个人、团队、部门封闭的技术也能实现共享。

"要想持续生产最好的产品，就必须不断积累知识和经验，并将这些经验与新事物结合。创新矩阵成为乐高公司的技术经验，这十分有利于新产品的开发。"

说到这，克努德斯托普不禁挺起了胸膛。

正如他说的那般，乐高公司的经营效率的确得到了很大的提高。

以全局观产出热销产品的同时，乐高公司的业务核心始终是积木的开发和制造。

通过改变积木的组合，每年持续推出按照矩阵开发的新产品，持续不断地产出热销产品，乐高公司的高效开发体制已经基本成形。

这一成果也逐渐体现在数字上。乐高公司表明商品销售效率的存货周转率从 2003 年 12 月期的 8.1 次改善到 2013 年 12 月期的 13.9 次。开发的高效也带动了商品的畅销。

改变设计师的意识

创新矩阵的引进，也促进了设计师意识的改革，而这是一个巨大的课题。之前也曾提到过，乐高商品的吸引力是由产品策划的设计师负责的。因此，在乐高内部，实际上没有任何规定限制优秀的设计师的产品开发工作。

没有成本等的限制，设计师就可以随心所欲地开发产品。可以说，乐高公司对这些有过功绩的设计师是相当信任的。

但在乐高公司陷入经营危机后，情况发生了很大的变化。

克努德斯托普以一系列的改革为契机，迫使设计师开始制定事业规则。

例如，在此之前，乐高公司为了产品开发可以不计成本地为设计师提供想要的颜料和零件，让设计师能够自由发挥。

据了解，当时与乐高公司交易的商家有 1 000 多家。各个设计师又会有个人专属的树脂和颜料生产商，从多个商家采购同一种树脂的情况在那时并不少见。

"尽管造成了许多浪费，但当时并没有人去管这件事。"

2012年至2017年，担任乐高公司首席财务官的约翰·古德温说道。后来，克努德斯托普废除了这种形式，改成当要购买必要的材料时，设计师可以提出方案，通过投票决定是否批准购买。

同时，乐高公司也对产品开发体制进行了调整。

在之前的产品开发中，设计师往往掌握着很大的主动权，后来改为跨部门式的团队合作形式，使得这一弊端得到改变。设计师作为营销、生产部门等多个部门组合而成的开发团队的一员，从开发到完成过程中需要与其他成员全面共享信息。

"设计师不能一直故步自封，而是应该积极地走出去。"克努德斯托普在乐高公司发出了这一号令。

除此之外，克努德斯托普还引入了新的计划，旨在让设计师也有成本意识。在产品开发的过程中，他规定开发负责人开发的产品利润率不得低于13.5%。低于这一水平的开发方案将在董事会上被驳回。

这使得设计师也不得不开始考虑成本问题，与整个开发团队团结一心，共同努力减少制作产品中使用的材料，以求降低成本。

同时，乐高公司还对开发期限做出了明确规定。产品开发从原来两三年的平均时间缩短到一年，并设定了与收益直接挂钩的数值目标。

只要做出好产品，谁也不会有怨言。

过去，乐高积木的设计师因其创造力而受到好评，因此掌握了极大的权力。但是，危机之下，公司已不能再允许不计盈利的产品制造了。

克努德斯托普给曾经拥有很大权力的设计师们灌输了成本意识，通过建立机制管理成果，科学评价工作态度，推动了产品制造的现代化。

设计师已经不能像从前那样随心所欲地设计了。

正因为有限制，才能诞生创意

当然，这一系列的改革自然会引起设计师们的强烈反对。
"这会降低乐高产品的质量。"

面对众多这样的投诉声音，克努德斯托普是这样回答的。

"正因为限制的存在，才能诞生出创意。创新，也是在制约中产生的。"

克努德斯托普就这样反复地敦促设计师改变从前的意识。

当然，很少有设计师能接受这样的改变。

"不满的声音此起彼伏，这场改革不仅让设计师失去了工作的动力，而且谁都不太愿意走出过往的舒适圈，因为这很麻烦。"

一位了解当时情况的乐高积木设计师回忆道。

尽管如此，克努德斯托普还是没有改变想法。起初，设计师很不情愿地遵循着公司的方针，但不久，爆款就在这个框架中诞生了，随着公司境况的好转，抱怨声也逐渐消失了。

克努德斯托普在之后又更进一步，成立了一个组织，以便促进设计师做出改变。

他成立了一个名为全球眼光的儿童行为观察组织，试图让设计师重新认识自己的客户。

从前，乐高积木的设计师听取孩子们的意见，并把孩子们的建议内容作为产品开发的参考。而这一组织大大地改变了原来的方式。简言之，就是从调查转变为观察。

"孩子们一天过着什么样的生活？吃什么？过得怎么样？我们要密切观察他们的日常生活，从而加深对他们的了解。"

参与成立组织的乐高公司员工索伦·隆德这样解释道。孩子们对什么感兴趣是不能靠猜的，乐高积木设计师需要先虚心观察，然后进行思考。而在参与观察的人员中，还有如文化学家、人类学家等专业人士。

不久，不仅是位于比隆的总部所在地及其周边地区，还有丹麦别的城市和地区、德国等地的孩子们，几乎每天都会光顾乐高公司的办公地。孩子们与设计师互动和交流的样子，也成了乐高公司总部的日常风景。

"虽然此前，设计师也能听到孩子们的声音。但是，他们还没有从自以为无所不知的外壳中摆脱出来。"

隆德如此回忆道。

观察，找出问题，初步制作出改进后的产品，让孩子们试玩。尽管这样的过程在现在看来再正常不过了，然而当时能想出这个办法，让了解孩子的方法论有了很大的进步。这在之后也成了制造热销商品的原动力。

革新供应链

在研发产品加利用杠杆的同时，乐高公司还对另一大课题开刀。那就是对老旧供应链的革新。

产品研发得再好，作为一门生意，也需要有手段能及时让孩子们接触到商品。然而，当时的乐高公司供应链已逐渐老化，配送机制濒临崩坏，特别是物流基础设施的革新更是迫在眉睫。

为此，乐高公司邀请瑞士洛桑国际管理发展学院的专家解决这一问题。2005年，一位乐高公司高管拜访了专门研究供应链的教授卡洛斯·科德恩，而这位高管叫巴利·帕达，也是后来乐高公司的首席执行官。

帕达找科德恩是为了商量如何从根本上解决乐高公司供应链的问题。

"我们希望建立一个高速供应链。"

帕达简单地打了个招呼后，便开门见山道。

乐高公司期望的供应链是门店的出售信息能随时传达给厂商，厂商根据供需调整生产量。联动物流网络和相关信息，以最合适的形式供应商品。

然而，理想很丰满，现实很骨感，帕达为重构乐高公司供应链可谓煞费苦心。

乐高公司供应链最大的问题在于产品供应的容量不足。一到12月的圣诞商战高峰期，乐高公司的供给就会逐渐跟不上需求。如果此时物流不畅、生产滞后，还会影响业绩的增长。

然而，乐高公司自创立以来，都未曾大规模地调整供应链，而是只顾着一味地扩张，却无视供应网的各种问题。

"30多年来，乐高公司从未对供应链进行彻底的整改。"帕达袒露道。

创业之初，由于客户大多都是零售玩具店，乐高公司长期以来只顾着拓展零售玩具店的供应链。具体来说，乐高公司在欧洲布局了多个配送中心，然后从那里零零散散地配送商品至零售商店。

但是，这样的供应链使得一次配送的数量有限，而且在供不应求的时候，从其他地方调货又要花上许多时间，因此经常导致配送延迟，效率低下。

此外，积木工厂的生产体制，也有很大的改善空间。

例如，总部所在地比隆的科恩马肯工厂内的积木成型机就没有统一的管理，工厂的工匠在生产积木时还需要进行手动调整。订单也没有统一管理，工厂甚至无法预测市场的需求。

帕达说："供应链的问题太复杂了，没有人知道该从哪里下手。"

摒弃漏洞百出的供应系统

当乐高公司供应链一直处于落后状态的时候，零售业却发生了巨大的变化。

20世纪80年代，美国出现了沃尔玛等取代了零售玩具店的大型批发商店，且销售比率年年提高。同时，玩具反斗城等大型玩具专卖店的数量也在不断增加。

不久后，乐高公司的销售比例发生了巨大的逆转，排名前200的大型批发商店和大型玩具专卖店占据了乐高公司营收的三分之二。

尽管如此，直到20世纪90年代，乐高公司还在为既有的1000多家零售店维持着老旧的供应系统。

在容量和技术上，乐高公司如果再不尽早替换掉旧有的供应链，就可能会给来之不易的复苏态势泼上一盆冷水。

帕达在科德恩等瑞士洛桑管理学院教授的建议下，着手解决问题。

在供应链中最先要处理的是速度问题。

"如果有靠谱的合作伙伴，乐高公司很愿意实行外包制。无论是什么方法都可以，我们当时就想要找到最高效的供应链。"

帕达回顾道。

为此，乐高公司首先选定世界运输巨头德国敦豪航空货运公司为供应链的合作商，并签订了合同，之后由这家公司负责整合分布在欧洲的十多个配送点。整改配送体制，提高了乐高公司产品的配送效率。

然后，乐高公司又对积木的生产基地进行了整改。公司决定在人工成本更低的匈牙利开设大型工厂，利用规模优势控制成本，以应对德国等欧洲大市场的需求。

在生产体制内引进数码技术，将生产的积木按类赋予ID（标识符），完善信息管理系统。以块为单位进行管理，从而实现产品库存情况的可视化，工厂就能准确地对需求进行预判。

经过一系列的努力，乐高公司的产品零部件的货运流通变得顺畅起来，从而有能力应对需求突增的情况。历时三年的供应链改革结出的硕果，加速了乐高公司的发展。

终于开始重新定义公司理念

解决了产品的开发和制造、供应链这两大难题后，乐高公司终于可以让整个公司的齿轮转动起来。

其结果体现在2006年12月期的财报上。当期乐高公司的销售额达77.98亿丹麦克朗（约1 745亿日元），营业利润达14.5亿丹麦克朗（约296亿日元）。营业利润比上季度大幅增加约3.3倍，通过业绩可以看到改革初见成效。也从那时起，克努德斯托普逐渐从"战时的首席执行官"转变成"平时的首席执行官"。

进入2006年，他开始在公司内部谈论理念的重要性。

"在公司生死存亡的情况下，我们没有什么理念可言。但是，当急救手术结束，乐高公司这名'患者'能够呼吸的时候，就需要给员工指明目标。因为员工此时会有余裕地去思考自己在公司工作的价值。"

克努德斯托普解释道。

乐高公司未来将以什么作为成长的动力呢？重新定义公司的理念，其实就是重新确定每位乐高公司员工要共同努力的方向。不过，这并不是一件新工作。

因为乐高公司自创立以来就一直传承着很好的理念，而克努德斯托普决定运用好这一宝贵的财富。

乐高公司传承的理念之一，是通过积木培养孩子们的创造力。这一理念可以用以下这句话作为乐高公司的发展目标："Inspire and develop the builders of tomorrow"（给予灵感，孕育未来的建造者）。

而另一个理念就是始终坚持追求最高品质的态度。为了让这一点在公司内部深入人心，克努德斯托普把创始人奥莱·柯克·克里斯蒂安森常常说的话定为公司的标语：

"Only the best is good enough"（只有最好的才足够好）。

培养未来的建造者，不断提供最优质的产品。

专注于积木的制造，改变设计师的观念，建立不断推出热销商品的机制，重新定义创业理念，在一系列的努力之下，乐高公司内部逐渐恢复了往日的活力。

不过克努德斯托普还是不太满意。未来乐高公司要想继续生产出真正满足粉丝期待的产品，就需要以更广阔的视野去追求创新。他认为，仅靠公司的设计师开发的产品是不够的。

乐高公司在世界上拥有无数的忠实粉丝。他们丰富的知识对乐高公司来说，就是给予商品新的附加价值的宝贵财富。恰巧，随着互联网的普及，在多个网站上出现了乐高粉丝网络社区。

克努德斯托普曾一直在探索该如何利用粉丝的智慧，为乐高公司增添新的附加价值。不久，粉丝社区这个被称为用户创新的平台，作为前所未有的独特开发方式，为乐高公司的复兴做出了重要的贡献。

采访 | 约恩·维格·克努德斯托普（乐高集团总裁）：为了应对变化而重新审视公司的价值

约恩·维格·克努德斯托普出生于1968年11月，毕业于丹麦奥胡斯大学，获得英国克兰菲尔德大学工商管理硕士学位、美国马萨诸塞州工科大学博士学位。他在2001年加入乐高集团之前，曾就职于美国咨询公司巨头麦肯锡。2004年，克努德斯托普在35岁时出任乐高集团首席执行官，2017年1月起任乐高集团总裁。

——您成功地带领陷入低谷的乐高走向复兴。

"我干经营这行，就是想给孩子们的人生带来一些好的影响。业绩是其中的一个评价，评价好是再好不过的。不过对于经营来说，有时候利润和现金流就如同氧气般。公司要想活下去，最起码得挣到本钱，但这并不是说乐高公司的事业就是单纯为了挣钱。"

——最近，游戏主题系列成为拉动乐高积木销量的主力产品。系列产品不单纯只是乐高积木，每个主题都有自己独特的世界观，这深深地吸引了玩家们，并让他们成了乐高积木的粉丝。可以说，乐高玩具不仅以功能为卖点，其内涵的故事性也成了乐高积木营销的成功实践。

"的确，游戏主题系列确实是拉动乐高公司业绩的主力产品。从 20 世纪 80 年代开始，乐高公司的基础专利就在各个国家陆续到期，所以现在任何人都可以制造出和乐高积木一样的产品。虽然我们对积木的质量十分讲究。但是积木的外观和竞争对手不会有太大的差别。"

——因为积木正变得商品化吧。

"是的。那么，如何才能让人们从众多的积木中选择乐高积木呢？到了 20 世纪 90 年代和 21 世纪，我们乐高公司认真地思考了这个问题。答案之一就是推出系列游戏主题。"

"我经常把积木和游戏主题比作钢琴和乐谱的关系。当然，没有乐谱，钢琴也能弹奏。但是，有了乐谱，就会有不同的享受方式。乐谱可以帮助我们了解自己不知道的多元世界，沉浸在这样的世界观中。弹钢琴的乐趣自然会变得多样起来。"

"乐高积木也是基于同样的思路。单是积木确实就可以是一个玩具，但是我们通过为孩子们准备各种各样的'乐谱'，可以让他们在玩积木的时候增添许多趣味性。而且，就像使用乐谱多加练习后，可以逐渐学会创作出原创的曲子一样，乐高积木也是通过游戏主题让玩家在掌握了创作方法后，就可以随心所欲地创造出自己的世界观。"

——2004 年，在您就任首席执行官的时候，乐高公司正面临着破产的危机。

"当时有两个重大变化给乐高公司带来了冲击：一是积木的基础专利到期，竞争对手相继推出了比乐高积木价廉的积木；二是出现了以家用电视游戏机为代表的电子玩具。"

"在这之前，尤其是男孩子的玩具中，乐高积木在市场上拥有压倒性的优势。那时的乐高积木品牌影响力大，且又是一款益智类玩具，所以父母很信赖乐高积木。但是，之后同时出现了好几个重要原因，导致市场环境发生变化，以至于威胁到了乐高积木的地位。"

——也就是哈佛大学教授克莱顿·克里斯坦森提出的

"颠覆性创新"吧。

"现在冷静地回顾之前的情况，确实可以这么说，当时的乐高公司面对急剧的环境变化却没有及时反应过来。因为在此之前的几十年里，乐高积木一直是孩子们的必备玩具，没想到竞争对手和电子游戏的出现，会把乐高公司逼到濒临破产的境地，这是几乎所有员工都没有想到的。然而，从20世纪90年代后期开始，乐高积木的销售额和市场占有率就这么在我们所有乐高公司员工面前眼睁睁地下降了。"

——乐高是如何改变这种状况的呢？

"1997年，时任首席执行官的克伊尔德·柯克·克里斯蒂安森为了改变这种状况，从外部聘请了专业的经营人士。普罗曼曾成功地重建丹麦高级音响厂商，是一名经验丰富的经营者，当时由他担负了带领乐高公司复兴的使命。"

"他为了打破乐高公司的窘境而采取的措施，一言以蔽之就是实现业务的多元化。自此，在20世纪90年代后半期，乐高公司拓展了无数的新业务，包括开发电视游戏、制作电视节目、扩大主题公园、开设多家直营店等。普罗曼想通过新业务的收益来弥补乐高公司的核心业务，也就是积木玩具销售额的下降。"

"经过一系列的改革后，确实取得了一定的成效。比如，乐高公司与电影《星球大战》的合作，就是在这个时期诞生的，星球大战系列至今仍是乐高公司的主打产品。但其他大部分新业务并没有带来预期般的成果，反而是持续亏损。回头来看，这或许是理所当然的。因为在此之前，乐高公司还只是一家只开发积木的公司，突然间就涉足电视游戏、主题公园等新的领域，又怎么可能会成功呢？"

——受到新事业失败的影响，2004 年乐高公司的当期亏损约达 18 亿丹麦克朗，创乐高史上最大赤字纪录。我就任首席执行官的时候，正是在这样一个低谷时期。

"我个人是知道问题出在哪的。我认为问题就出在乐高公司身上。因为当时的业绩明明非常糟糕，面对这样的成绩，每位乐高公司员工居然还能一脸满足的样子，这真的很诡异。当时和我一同肩负复兴重任的首席财务官的话让我至今仍难以忘怀。"

"他说：'这是我有生以来第一次看到这么差的业绩，一切都太糟糕了。根本没有赚到钱，甚至都看不到销售额。但是情况这么严峻，却没有人表露出担忧。这也太不可思议了。'"

"员工们在乐高公司品牌对孩子们的影响力上过于自信了，对环境的变化也反应迟钝。这就是乐高公司不能迅速应对危机的根本原因。而后又强行地快速推进事业多元化，导致谁也不知道乐高公司的优势是什么，目标是什么。"

"我要做的工作就是重新明确乐高公司的价值和目标。确定好发展的方向,并推动员工朝着这个方向共同前进。当时我坚信,只要做好了这件事,乐高公司就能恢复往日的辉煌。"

"但在此之前,我们必须应对眼前的经营危机。为此,我把重建的任务划分为几个阶段。首先为了让乐高公司活下去,我们进行了一次彻底的裁员和人事调整,然后退出了电子游戏、节目制作等这些对乐高公司来说比较陌生的业务,还出售了创业之初就拥有的主题公园的经营权。"

"我们建立了名为'战略室'的会议室,严格确认了所有改革的进展情况。甚至还小心不让公司领导乘坐豪车。总之,乐高在这一阶段做出了许多放弃的决断。"

"乐高公司已经不是从前那个伟大品牌了。持续制造滞销产品真的能帮助孩子们成长吗?我们向公司内部发出了这样的呼吁,让员工们的心情也开始变得紧张起来了。当时这么做我也是非常痛苦的,但是又认为这是一种鞭策,对乐高公司是件好事,所以就坚持了下来。而这个时候,还要注意不能为了给员工们打鸡血,就去讲一些增长战略。在困难时期,如果员工们看到销量上来了,就会容易松懈下来,放缓改革的进度。"

——裁员确实是件难事,要让曾重建失败的组织再次翻身,更是难上加难啊。

"所以我们首先需要放弃业务多元化的计划,把业务的目标集中起来。但当时,乐高公司的未来一片迷茫。产品开发、市场营销,或者新业务……到底该把业务聚焦到哪一领域上,公司内部迟迟无法做出定论。"

"如果是现在,乐高公司是一家长年坚持开发和制造积木的公司,所以我可以自信地说,乐高公司在这方面有优势。但是在那种困境下,这样看似简单的问题却很难找到答案。那真是一段艰难的时期。为此,我和前辈、朋友等很多人都商量过并交换了意见。"

"之后,我们看到了一个方向。那就是回归初心。乐高公司创始人兼木匠奥莱·柯克·克里斯蒂安森曾提出过让孩子们也能拥有和大人的东西一样优质的产品,在这一理念的带领下,乐高公司长年坚持玩具的开发。从最初的木工玩具,到后来的乐高积木,并创造出组装系统这一伟大创新。回顾这一历史,让我确信了乐高公司最大的价值就在于积木的开发和制造。"

"所以当时我们要做的就是把创始人的理念再一次灌输到组织当中。乐高公司存在的意义是什么?'给孩子们最好的东西。'创始人的这句话就直接体现了这一点。因此,我的工作就是要把创始人的话重新定义成符合当今时代的内容。"

"为了重新定义理念,首先我们对员工进行了调查,询问他们认为乐高公司的优势是什么,以及乐高公司一直以来的理念是什么。与高管们反复讨论,并召开了让员工们也参与的研讨会后，我们开始了确定和统一公司理念的工作。"

"在确定理念的过程中，我重新发现了下面这句话：'Only the best is good enough'（只有最好的才足够好）。准确地说，这是公司内部的标语，旨在让乐高公司不断改善，始终坚持精益求精。很显然，乐高公司所做的事情和创业当初所说的话本质上并没有变化。但是，我个人认为，要达到这一标语所说的目标，追求的过程也是非常重要的。这也可能是所有公司的宿命吧。很多时候，创始人在创业之初提出的优秀理念会随着时间的推移而逐渐淡化。"

"所以我认为重新定义理念这个过程是非常重要的。从某种意义上来说，理念是需要维护的。"

——您认为十年后，孩子们的游戏会是怎样的呢？

"就像电子游戏和智能手机一样，新技术会让孩子的游戏发生变化。但我认为本质的部分不会有太大的差别。即劝善惩恶、与对手竞争等故事，无论现在还是过去，这些内容都会令孩子们着迷。此外，收集东西也是吸引孩子的重要因素。我认为提供价值的方式会随着技术的发展而不断变化，但孩子喜欢的东西，其本质是不会改变的。我们把这称为基础模式，并将其视为开发新产品的重要因素。"

"就像乐高公司在 20 世纪 90 年代陷入困境的时候一样，没有人能准确地预测未来。谁也无法知道颠覆性创新后，商业环境何时会发生变化。从我个人的经验来看，为了应对这种变化，与其去猜，我们更应该重新审视自己的价值。并以此为出发点，构建符合变化的战略。我认为这就是摆脱创新困境的唯一的解决办法。"

> 由日本人提议而诞生的"乐高深海 6500",在粉丝圈里被称为"传说中的乐高"①

第 5 章

粉丝知道热销的关键是什么

---

① 该图片已获得乐高公司授权,应版权方要求,在此标注。——编者注

日本海洋研究开发机构是一家国立研究开发法人，总部位于神奈川县横须贺市。该智囊团机构在国际地球观测等领域上，拥有世界顶级的调查能力。在这样的一个机构内，展示着令海洋迷们喜爱不已的作品。

　　其中就有潜水调查船"深海 6500"。

　　这是 1989 年以调查深海生物为目的开发的潜水器，该潜水器的最大下潜深度达 6 500 米，是当时世界上下潜深度最大的潜水器。除有坚固、顶级的配置外，其可爱的外观设计也吸引了众多粉丝，从该潜水器开发起到 30 多年后的现在，"深海 6500"依然拥有着不可动摇的超高人气。

　　"深海 6500"自第一代开发成功后就不断被改进，至今仍作为现役海洋调查船活跃在世界海域上。仅在 2017 年，它就完成了总计 1 500 次的潜航任务。

　　实际上，这艘调查船与助力乐高复兴的新业务息息相关。

　　乐高与海洋研究开发机构。

　　乍一看，两者似乎没有任何关系。而把他们联系在一起的，竟然是住在横滨市的一名日本男人。

展现海洋的美好

"你的想法有可能会成为乐高公司的作品。"

这是发生在 2008 年年底的一件事。自由设计师永桥涉在网上偶然发现了一个有趣的网站。

这个名叫"乐高空想"的网站会向一般人广募商品化的想法。

引起永桥涉兴趣的是网站的运营主体，网站的运营主体并不是普通的乐高积木粉丝，而正是玩具制造商乐高公司。所以只要创意获得一定数量的支持，乐高公司就会认真考虑将这一创意商业化。

"这听起来很有意思。"

浏览网站的过程中，让永桥涉愈发提起了兴致，不久后，他便决定提出一个酝酿已久的想法。这个想法就是将"深海 6500"商品化。

永桥涉既不是一个特别的乐高积木迷，也不是一名海洋研究专家。所以准备创意的时候有一件事难倒了他。

那就是，怎样才能让孩子们喜欢上海洋世界？

当时 43 岁的永桥涉有两个在上学的孩子。

因为孩子们参加了一次海洋研究开发机构的参观学习会，自此之后，孩子们便对海洋世界充满了兴趣。看到孩子们这个样子，永桥涉也想做一些事，激发孩子们对知识的好奇。

在此之前，孩子们过着与海洋研究完全无缘的生活。然而，参加了参观学习会后，他们变得喜欢收集海洋生物和探索船的图鉴。于是，永桥涉便想到"只要制造一个契机，就能让其他的孩子们一样对海洋研究产生兴趣。"

因为近来，对科学失去兴趣，将来想成为研究者的孩子正在不断减少。所以永桥涉想要找到什么机会能让他在让孩子们喜欢上科学这件事上做出些贡献。

正当他这么想的时候，无意中发现了"乐高空想"的存在。

如果用乐高积木做一个"深海6500"，孩子们一定也会愿意去学习组装。他希望这能成为孩子们了解海洋美好的契机。这么想着，永桥涉便立即制作起了试验品。

用"乐高空想"将创意商品化的步骤具体如下。

①要提出创意，就要先注册会员，成为"乐高空想"的会员。

②在网站上以照片或插图的形式提交想要商品化的创意。因为没有规定的形式，永桥涉经过一番仔细研究，发现网站上的各种创意大都以素描、实际组装原型等来呈现。

③所有"乐高空想"的会员都可以对创意投出一票，表示"这个创意商业化后，我会愿意购买"的意愿。投票的时候，还要具体填写愿意花多少钱购买。

④如果创意收到了一定的票数，乐高公司就会具体讨论商业化的事宜。

为了能让创意的形象变得更加具体，永桥涉不仅设计了插画，还用乐高现有的积木自制了"深海 6500"来展示自己的想法。因为长大后好久没有玩乐高积木了，所以永桥涉在组装上费了挺大的功夫，不过也同时感受到了回归童心的乐趣。

来自全球乐高积木粉丝的反响

永桥涉的作品完成得非常出色。

永桥涉在网站上投稿后，很快就得到了反响。探索神秘海洋的海洋调查船这个创意，吸引了很多成年人的关注。

这些反响不仅来自日本，还来自全世界的乐高积木粉丝们，永桥涉也感到很是惊讶。"深海 6500"的投票数，在"乐高空想"平台上的提案中，以一骑绝尘的速度增长起来。

"没想到自己的创意竟然能得到这么多的支持。"

收到反响的永桥涉，更加积极地致力于商品化的活动中。而商业化的第一道门槛便是吸引 1 000 名会员投票表达购买意愿。

永桥涉在自己开设的博客上积极公开了投票的进展情况。他还请专门研究海洋的大学教授们给他支持，并呼吁通过网络了解活动的用户为他的作品投票。

经过一番努力，永桥涉的创意在 2010 年 1 月达到了 1 000 名会员投票的目标。根据投票结果，乐高公司如约宣布开始考虑将"深海 6500"商业化。

乐高公司表示："海底生物的探索和宇宙一样神秘。'深海6500'的故事对我们来说是一个未知的世界，它非常有趣。我希望随着创意的商业化，会有更多的人关注'深海6500'和日本海洋研究开发机构的工作。"

乐高通过网站发布消息，将由公司设计师将创意商品化。一年后的 2011 年 2 月，"乐高深海 6500"如约正式成为乐高产品。

产品的组装说明书上用日语介绍了"深海 6500"的历史。文末还记载了曾在"乐高空想"网上投票支持商品化的用户名字。这是乐高公司史上的创举。尽管该款产品已经停止上市了，但作为"传说中的乐高"，仍被粉丝们推崇。

粉丝的智慧也是价值所在

将粉丝们的智慧和想法融入乐高公司的产品中。

正如我们在第 4 章中看到的那样，在经营危机下，作为复兴乐高公司的关键，乐高公司首席执行官的克努德斯托普将乐高公司的价值重新回归到积木上。

随着构建创新矩阵这一新的产品开发机制，通过各种游戏主题提供多样的世界观等措施正逐渐取得成效，乐高公司的主力事业也开始踏出复兴的第一步。

不过，克努德斯托普重新定义的乐高价值并不局限于单纯的回归初心。

因为仅仅恢复原有的价值是很难实现产品商品化、战胜能够开发同样产品的竞争对手和电子游戏公司这个新对手的。

激发消费者创造力的全新组装体验，才是乐高积木竞争力的源泉。克努德斯托普认为，要打造这种体验，不能仅靠乐高积木的设计师。

人人都能成为设计师的时代

"乐高积木在全世界都有值得令自家公司骄傲的粉丝。他们中既有每天玩乐高积木的忠实用户，也有像永桥涉这样因为某些原因对乐高积木感兴趣的人。对我们来说，每个人都有着有趣的乐高积木故事。"

恰逢随着互联网的迅速发展，让故事能够可视化的时代到来，粉丝们纷纷把原来装饰在家里的乐高积木杰作发到网上。虽然大多数都是一些兴趣作品，但其中不乏可以实现商品化的魅力佳作。

一直以来，乐高产品都存在一个默认的前提，那就是只有公司内部的设计师才能创造出乐高产品，但克努德斯托普却敏锐地感知到了环境的变化。像永桥涉一样，通过网络，任何人都有可能成为设计师。他想建立一种符合这个时代的，能汲取粉丝智慧的新型的乐高积木开发方式。"关键就在粉丝社区。"

如今，随着脸书和领英这样的社交网络逐渐普及，互联网上出现了很多共同爱好者们的交流平台。而乐高在这之前，早已拥有粉丝聚集的网络社群。

其中就有一个叫"AFOL"的强大粉丝网站。

在这个社区里，有关于乐高产品和活动的话题，有自创的乐高作品展示平台，有信息互动空间等。围绕乐高积木的各种意见和想法通过社区实现了日常的相互交流。

尽管乐高公司知道有这样的交流平台，但当时仅有一部分员工自主参与到平台的交流中。

但经营危机让乐高的高管重新认识到与用户对话的重要性。慢慢地，乐高公司转变了之前的方针，开始认真地与粉丝互动起来。

2005年8月，克努德斯托普与克伊尔德·柯克一起参加了在美国乔治·梅森大学举办的粉丝交流会，活动名叫"积木节"。

原本参加者们只是抱着观望的态度参与活动，但当粉丝们在现场发现了两人的身影后，场面瞬间沸腾起来。乐高公司的首席执行官和第三代创始人的到来，让粉丝们聚集到了这次的交流会上，于是两人与粉丝们展开了一场即兴交流。

"当时所有人都各自表达了对乐高公司的看法，也提出了一个又一个尖锐的问题,在场的所有人都非常兴奋。"

克努德斯托普回忆道。

此次交流会持续了三个多小时。通过此次对话,克伊尔德·柯克和克努德斯托普再次认识到,每个粉丝都有自己的乐高故事,这本身就成了乐高积木的魅力。此外,关于乐高积木的价值,他们也认识到了一件事。

那就是真正了解乐高积木魅力的人,不是别人,正是粉丝们。他们有着公司内部设计师都无法想象到的新颖想法,并且有着能够整天思考这些创意的热情。所以乐高公司应该拉近与这些粉丝的距离,继续努力挖掘创意。

创新矩阵的缺陷

自克努德斯托普成为接班人后的第三年,产品开发的创新矩阵已基本在公司内部定型。随着开发程序的标准化,跨部门式的创新研究机制也基本成形。

不过,这种创新矩阵也存在缺点。那就是,这个程序是以开发出能够达到一定销量规模的产品为前提的。

正如书中第 4 章的示意图,使用创新矩阵的项目,都以最终产品会带来巨大的销量为前提。因为矩阵具有通览全局的效果,可以把项目从策划到商品化的一系列过程都通过矩阵图尽收眼底,但并不具有挑战新领域、新范畴或策划实验性产品的效果。

主打产品的持续创新固然重要。但如果不努力尝试超越以往路线的挑战性开发，从中长期来看，乐高公司的创新就会停滞不前。

产品能不能热销谁都无法预测，但是成功了就会获益良多。所以乐高公司需要找到一种方法来发掘一些黑马产品。在这点上，克努德斯托普对粉丝们的知识和见解就充满了期待。

"粉丝们的想法自由无限，说不准会创造出乐高公司从未想到过的新价值。"

于是，乐高公司开始着手开拓以粉丝为基础的独特开发方式。

而被委以此次重任的是在乐高公司负责新业务开发的坡·史密斯·迈尔。

史密斯·迈尔进入乐高公司后曾是一名设计师，于2003年被派去负责乐高公司创立的"前端创新"组织。

在电脑上组装喜欢的乐高模样

如何将粉丝的想法融入乐高积木的发展中呢？史密斯·迈尔的团队走访了所有办公地，以期找到一些灵感。

在参加世界各地的乐高积木粉丝活动，以及与喜爱乐高积木的创业公司经营者交流的过程中，史密斯找到了各种将用户创意成型的方法，并决定拿某一个想法进行实践。

"既然粉丝们遍布世界各地，那我们不妨开发一种软件工具，让他们的创意由他们自己成型。"

2005年，乐高公司推出了一项新软件工具，即乐高工厂（后更名为"乐高我设计"）。

它的亮点在于免费提供可以在电脑上虚拟组装乐高积木的软件。

使用该软件的用户可以在电脑上通过组装数字积木制作乐高作品。并且软件还记录了组装积木的顺序，所以可以将其组装过程输出为说明书。完成后的作品，除了装饰在被称为画廊的虚拟空间，还可以订购这个作品的实体乐高积木。每周投票选出的优秀作品，将会由乐高公司进行商品化，此外，用户还可以购买其他用户制作的原创作品。

用户不仅可以将自己的制作创意成型，还可以获得原创的实物作品。乐高公司充分利用了当时的信息技术，为用户们提供了前所未有的乐高积木价值。

创意难以成为事业

"乐高工厂"被认为是一种很好地收集用户创意的办法。无论是史密斯·迈尔还是乐高公司团队，都希望积极运用粉丝们的力量。

然而，这项新尝试却没有如之前期待般反应热烈。

原因之一在于价格。"乐高工厂"中的作品价格高昂，不是轻易就能购买的。

这是因为在"乐高工厂"，一件作品从接单到发货，与量产的既有商品不同，作品的成本会更高。所以导致价格比普通的乐高商品平均高出三四成。

而且，在"乐高工厂"上发布的创意，有不少是极具个性和偏好性的。

因此平台内并没有太多大家都想要的产品，"乐高工厂"的用户也仅限于部分固定粉丝。所以用户范围小，乐高公司在服务上自然缺乏热情。

新开发的软件，对于初学者来说比较难以上手。因为软件不能像自己动手组装真实的积木一样，困难的操作让用户感到体验不好，因此逐渐失去了对软件的兴趣。

虽然乐高公司也在不断改进软件，但最终还是因为"乐高工厂"的产品价格过高而没能解决问题。

"'乐高工厂'运行了大概一年后，我们多少能看出一些问题，却始终想不出来有什么好的办法可以解决这些问题。"

史密斯·迈尔回忆道。

长此以往，项目就会被迫中止。

即便如此，史密斯·迈尔仍然坚持寻找汲取用户想法的开发方法。因为他觉得乐高公司此前自我迷失的一个原因就是没有去倾听粉丝们的声音。

既然"乐高工厂"难以如设想般地汲取用户创意,那么有没有一种方法,既能以其他形式收集粉丝们的想法,又能让乐高赚足销量呢?

史密斯·迈尔多次亲临了乐高公司的各个办公和活动现场。

策划会议、乐高积木粉丝的聚会、大学教授的论坛……每当听到一些能给他带来启发的活动,他都会亲自参与,并进行多次调查。

有一次,史密斯·迈尔的团队有机会参加了在美国举办一个日本人的演讲活动。这成了解决问题的突破口。

与日本企业家的邂逅

2006年,一场名为"开放与用户创新大会"的活动在美国西海岸谷歌总部举行。

这是一次以"企业如何与公司外部的组织和个人进行创新合作"为主题的会议,每年都会召开一次,参与者是来自世界各地的研究人员和企业。

主讲人是以提出用户创新概念而闻名的麻省理工斯隆管理学院教授埃里克·冯·希佩尔等研究该领域的最前沿学者。

乐高公司在此次活动中介绍了"乐高工厂"这一将用户创意转化成形的服务案例。而就在同一天,一位日本企业家也在活动中介绍了他的项目。

这位男子名叫西山浩平。当时36岁的他在日本创立了一家名为大象设计（Elphant Design）的创业公司，开设了名为"空想生活"的在线服务。

西山浩平的童年是在南美的哥伦比亚度过的，回国后从东京大学毕业，他不拘泥于传统的日本文化，是一位积极进取的企业家。大学毕业后，他进入美国麦肯锡咨询公司，作为顾问积累了丰富的经验。

从1994年开始的约三年时间里，他作为信息通信及媒体行业的负责人，与后来创立DeNA的南场智子等人一起，开始在通信领域的创业。西山浩平表示，这段经历让他强烈地感受到了互联网的潜力。

之后，他决定创业，将酝酿已久的商业想法转化成形。1997年，他和朋友一起创立了基于网络的用户参与型商品策划公司——大象设计。

由大象设计公司亲自操刀的空想生活计划，就是开头书中提到的乐高空想的前身。

网站内有各种各样的主题，并向会员征集创意，了解他们期望什么样的商品。会员们的创意在网站上公开后，会由专业设计师、家庭主妇或学生进行具体设计。

对于设计出来的作品，会员可以不断提出意见，以提高作品的价值。在新产品的设计、功能最终落地，时机成熟的时候，会员可以投票决定作品能否商业化。而当赞成票数超过一定数量时，乐高公司就会委托厂家进行生产。

"通过这个操作，一方面，消费者可以参与到商品的开发中，使作品实际成形，自己也会更有参与感；另一方面，厂家从产品开发的创意阶段就能听取消费者对销售价格的意见，有助于厂家更好地计划产量，核算成本，把控好初期投资和库存风险。对双方来说都有好处。"

西山浩平说明道。

同时，提供平台的大象设计还能通过收取实际售出商品价格的1%～5%作为手续费，以获得盈利。

用户创意征集机制

平台向用户征集创意，如果作品有了一定数量的用户支持，就可进行商品化。其本质与众筹如出一辙。如今众筹在日本也已成为家喻户晓的服务，西山浩平却早在十多年前，就开始了类似的举措。

西山浩平开创的利用用户创意开发商品的概念，在此后受到了各大公司的关注。

西山浩平推行的以用户为导向的创新，在当时也受到了学术界的关注。

其中之一就是神户大学教授小川进。被誉为日本用户创新研究第一人、麻省理工学院教授冯·希佩尔曾是小川进的导师。

小川进就西山浩平独特的用户创新进行了研究，于2006年在学术期刊《美国麻省理工斯隆管理学院评论》上发表了论文。

这篇论文引起了冯·希佩尔的关注，于是他邀请西山浩平参加"开放与用户创新大会"，然后就有了本篇开头描述的那一幕。

很快就找出问题

巧合的是，在活动中，西山浩平的演讲顺序就在乐高公司之后。

西山浩平一边听乐高公司的演讲，一边看出了"乐高工厂"可能存在的问题。

"从我个人的经验来看，'乐高工厂'很难扩大规模。因为用户们提出的创意参差不齐，要想找到真正的好方案，可能得万里挑一才行。"

西山浩平谈道。

因此，在乐高公司演讲完之后，西山浩平稍微改变了自己的演讲内容，提出了"乐高工厂"可能存在的问题。同时，他还仔细介绍了自己的"空想生活"是如何规避这一问题的。

"'空想生活'并没有把所有的想法转化成形，而是挑选获得一定支持数量的优质创意进行产品化的研究。在投票的同时，还会咨询用户愿意出多少钱购买产品，从而能很好地把握消费者期待的价格范围。厂商也因此能集中开发出划算的商品。"

西山浩平凭直觉认为自己的平台能帮助乐高公司解决面临的问题。西山浩平也了解到，乐高公司的负责人有意咨询这方面的意见。

演讲结束后，不出所料，乐高公司的团队人员迫不及待地找到了西山浩平道："我们还想跟您再深入地聊聊。"

在双方讨论的过程中，乐高公司负责人不断就"空想生活"这一平台提出了许多细节问题。后来还很快地给西山安排了一场会议。

西山浩平在乐高公司的比隆总部等地多次与乐高公司开会商议，在2008年11月，双方终于达成了实验服务的协议。

这就是本章开头提到的"乐高空想"。在前三年里，平台仅有日语服务，经过一段时间的实验后，有了基础的"乐高空想"开始考虑在全球范围内展开服务。

在推行"乐高空想"时，乐高公司还重新审视了"乐高工厂"运用的规则。从前，在"乐高工厂"的作品商品化方面，创意提出者是没有任何报酬的，但在"乐高空想"中，提出创意的用户可以获得相应的报酬。而最初的成果就是2011年的"深海6500"。

"这么有趣的世界，如果没有日本用户的创意是无法实现商品化的。单靠乐高公司设计师的力量，绝不可能创造出'深海 6500'。"

史密斯·迈尔谈道。

自"深海 6500"诞生后，日本小行星探测器"隼鸟"等多个创意模型通过"乐高空想"，均一一实现了商品化。经过一段时间的实验，英文版的平台正式上线，会员人数也急剧增加，投稿的质量急速提升，数量也在急速增加。

发掘"我的世界"

不过刚开始对于丹麦的乐高公司高层来说，"乐高空想"不过是众多实验性项目中的一个项目而已。

因为尽管"乐高空想"确实克服了乐高工厂存在的问题，却没有发掘出高层认可的爆款产品。

然而，不久后，颠覆这一认识的大热商品诞生了。

这就是 2011 年由粉丝创意投稿的，以网络游戏"我的世界"为主题的作品。

"我的世界"是瑞典程序员马克思·佩尔森开发的一款网络模拟游戏。

在虚拟世界里，玩家可以使用类似乐高积木的产品构筑房子和建筑物等，自由地想象并创造出自己的世界。因此"我的世界"又被很多玩家认为是"数字版乐高"。该款游戏自 2009 年推出以来，就获得了粉丝们的热烈欢迎，用户遍布世界各地（佩尔森创立的"我的世界"的开发公司 Mojang 于 2014 年 9 月被美国微软公司收购）。

随着"我的世界"的人气不断上涨，粉丝们希望乐高积木通过实物再现"我的世界"的呼声也越来越高。面对这一需求，乐高公司起初也曾考虑过将"我的世界"商品化，但由于种种原因，该计划曾一度受挫。

尽管如此，在这期间，期待乐高版"我的世界"商品化的需求依然不断增多。在乐高公司迟迟未有行动的情况下，一位用户试图通过"乐高空想"来实现这一愿望。他提出了用乐高积木再现"我的世界"场景的方案。

这一想法一经投稿，瞬间在线上引发了热议。全球的粉丝们纷纷支持这一创意，仅两天时间，就突破了"乐高空想"商品化所需的 1 万投票数。就这样，产品在"我的世界"2012 年诞生了。

乐高版"我的世界"反响巨大，乐高公司看到结果后，决定将产品升级为正式的乐高游戏主题。现在，"我的世界"成了乐高游戏主题的热门系列。

"虽然预感到早晚有一天，粉丝的创意会给乐高公司带来爆款商品，但没想到，结果竟然这么快就出来了。"

连史密斯·迈尔也不由地惊讶道。

在用户创新领域颇具权威的美国麻省理工斯隆管理学院

教授范·希佩尔也表示，乐高空想是一个有趣的创新平台。

"用户拥有比企业更具创意性、刺激性的想法。如果能充分利用用户的建议，企业就能获得比靠内部创新还要好几倍的效果。而乐高公司的'我的世界'就是一个很好的例子。"

2014年，乐高从大象设计手中收购了"乐高空想"，将其纳入自己的服务中。平台名称也由此变更为"乐高创意"，并面向全世界服务，从各地征集多样、有趣的提案。

此后，乐高通过"乐高创意"，源源不断地推出了"回到未来""超能敢死队"等电影主题商品，以及美国宇航局（NASA）的女宇航员、三角钢琴等独特的模型商品。

无论是热情的支持者还是普通的乐高积木粉丝，广大用户至今仍在"乐高创意"上发布自己的真知灼见。

与粉丝共创的"乐高机器人"

通过"乐高创意"，乐高公司引入了收集粉丝创意的新创新机制。而在这个平台出现之前，乐高公司就一直在进行独特的开放式创新试验。

"乐高空想"之所以能被公司接受，很大程度上也得益于过去各种经验的积累。

其中，利用用户创意开发出的第一个成功的产品，就是1998年推出的"乐高机器人"。

第 5 章 粉丝知道热销的关键是什么

"乐高机器人"是使用内置马达和传感器的乐高积木,该套装产品主要面向能制作机器人的玩家。而该系列的一款面向 10 ~ 12 岁人群的入门级编程机器人产品,也在之后的 2020 年正式问世。现在,该系列作为一款编程教育类玩具,拥有着不可撼动的人气。

1998 年,使用编程语言驱动机器人的概念正式诞生,而此前从来没有一款乐高产品具备这样的特点,因此这也引起了社会的巨大反响。该商品的套件中配备了用于控制机器人的马达和传感器,并有约 15 种运行软件,可以通过电脑操控机器人。

但上市不到一周,却发生了一件令乐高公司高层万万没想到的事。美国斯坦福大学的学生通过解析乐高编程软件,发现了随心所欲地改写程序的方法。

学生不仅在网上公开了软件的代码,还不断在乐高机器人的粉丝网站上发布改进后的源代码。

全世界的粉丝和学生看到后觉得很有意思,于是纷纷参与了程序的改良。等乐高公司注意到这一现象时,网络上已充满各种各样的代码,诞生了一个又一个由用户原创的机器人。

挑战怪医黑杰克的机器人、随意解谜的机器人等,学生们欢欣鼓舞、自由地制造专属的乐高机器人,一个接一个地在粉丝网站和博客中投稿分享,在社会中掀起一股热潮。

"他们是在擅自修改乐高的产品!"

起初，乐高公司高层对此事件既感到惊慌失措，又怒不可遏。

"高层害怕这样会毁掉乐高的品牌，而且会与正在开发的商品形成竞争。"

当时负责开发乐高机器人项目的索伦·隆德回忆道。据悉，公司曾一度考虑采取强硬手段，向大肆发布修改软件的用户寄出抗议信，甚至不惜提起诉讼。

"乐高公司不愿意承认，区区学生也有超越他们的好点子，因为这意味着他们的失败。在产品开发上，他们绝对不能承认自己比用户差。"

隆德谈道。

图 5-1 根据粉丝的创意推出的爆款系列"乐高机器人"

不过，由于这样的软件依然屡禁不止，后来越来越多的乐高公司员工逐渐接受了这一现实。

被认为是不正当的程序改造事件还没完全平息之时，一件有趣的事情发生了。

由于可以自由地改造乐高机器人的程序，这也吸引了广大用户参与到乐高机器人的开发当中，其中包括很多从前没玩过乐高积木的人。一些童年时期玩过乐高积木的人也借着"乐高机器人"的热潮，重新拾起了乐高玩具，由此，乐高积木的粉丝圈层得以不断扩大。

从这个角度来看，学生们自由地开发出仅靠乐高公司所无法想象到的创意，也让乐高公司逐渐意识到塞翁失马焉知非福。

给予改进软件的权力

乐高公司高层经过一番讨论后，决定转变思路。

他们选择不再警告和阻止用户随意修改程序，而是先观察一段时间。然后再正式准许用户改进乐高软件的程序。

乐高还鼓励用户对软件进行改造，并特意将"可改进软件权"加入授权当中。

乐高公司的新政策让用户雀跃不已。且有趣的是，方针转变后，"乐高机器人"的使用人数更是暴增起来。

这是一场在全球掀起的"乐高机器人"改造热潮。拥有自制的乐高机器人的粉丝们互动活跃，纷纷参与到此次活动中。

当乐高公司知道新方针被用户接受后，也开始积极地支持此类活动。

乐高倾听用户的心声，改变产品的策略。一系列操作让粉丝社群一下子活跃起来。

乐高积木展示的玩法只是其中一个例子。孩子们还可以用乐高积木创造出属于自己的玩法。这次风波让乐高公司重新认识到，第二代掌门人戈德弗雷德·柯克·克里斯蒂安森提出的"游戏系统"的本质。

自此之后，乐高公司更加积极地开展了许多活动，让粉丝的想法能融入产品开发当中。

邀请粉丝参与产品开发

"我们想邀请你到乐高公司总部。"

2004年，住在美国印第安纳州的软件工程师史蒂夫·哈森塞收到了丹麦乐高总部发来的一封邀请邮件。

哈森塞是一名乐高积木忠粉，在"乐高机器人"的美国粉丝社区里尤其闻名。他收到的这份邀请函需要本人到现场签署保密协议，否则乐高公司不会跟哈森塞说明具体的邀请理由。

这个神秘信息其实是一份邀请粉丝协助开发下一代"乐高机器人"的请求。邮件信息的分量比哈森塞预想的要大得多。

不过,参与开发并没有任何金钱报酬,同时还要签订严格的保密协议。可是一旦成功产品化,粉丝作为其中一名开发者便可在产品上留名。对于一名乐高积木的忠实粉丝来说,没有比这更光荣的了。

早在20世纪90年代末,乐高公司就已经开始研发"乐高机器人"的第二代产品。

为此,乐高公司尝试了一个新的实验。那就是让像哈森塞这样热情的乐高公司粉丝参与产品的开发。

接受乐高公司邀请的,除了哈森塞,还有四位知名的乐高积木粉丝。他们没有签订劳动合同,但作为报酬,几位粉丝可以作为乐高公司的产品开发成员,体验真实的研发现场。

四位极具感召力的乐高积木粉丝在此次开发上投入了大量的时间和热情,这大大地超出了他们原本的预想。隆德回忆道:"他们在部件、软件以及驱动机制等各方面都提出了许多有益的建议。"

这些意见大部分都十分具有针对性,为乐高公司的设计师带来了很多的灵感。

在这约一年的开发期间,乐高公司与这几位粉丝往来的邮件多达数千封。产品在零件和软件细节上均体现了四人的想法,在共同努力下,第二代"乐高机器人"于2006年8月正式上市。

第二代"乐高机器人 NXT"一经推出，便因为产品是由粉丝实际参与开发的而备受关注，累计销量达 100 万套。

把世界著名建筑变成乐高作品

此后，乐高公司不断创造出热销商品，将粉丝的想法融入产品开发中。

2008 年推出的"乐高建筑"便是以乐高积木爱好者卓尔不群的思维创造出来的作品。

美国建筑师亚当·里德·塔克在从事建筑设计的本职工作之余，还开办有一家工作室，用乐高公司向孩子们介绍各个世界著名的建筑。在互联网的传播效应之下，他的粉丝甚至扩大到了全球范围。

塔克的作品不同于其他作品，其制作十分细致、精良。

塔克的建筑作品美轮美奂，无论是细节、规模还是精致度上，都是其他乐高作品所无法比拟的。随着关注度的提高，塔克还会抽空参加乐高积木粉丝的交流活动，展出自己的作品。

塔克用乐高积木再现这些著名建筑［美国芝加哥的"西尔斯大厦"（又译为韦莱集团大厦）和美国纽约的"洛克菲勒中心"等］的作品都获得了大众的好评，这一消息在不久后传到了乐高公司员工的耳朵里。

2006年，曾发起"乐高空想"的史密斯·迈尔造访了塔克参加的乐高积木粉丝交流活动，并跟塔克提出了一个提议。

"要不要试着参与开发一款乐高公司的官方产品？"

史密斯·迈尔的提议让塔克大吃一惊，但他还是当即答应了这个有趣的邀请。

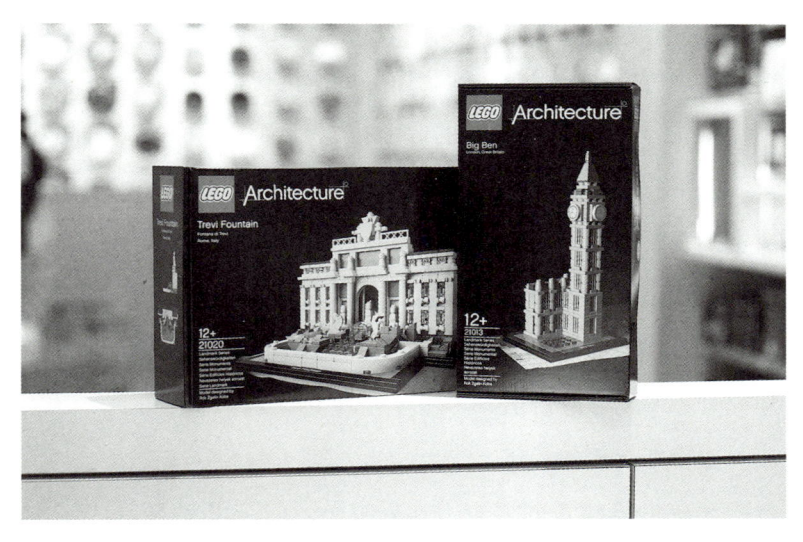

图 5-2 "乐高建筑"系列的推出，开拓了新的成人粉丝群体

"当听说自己在兴趣之下创作的作品牵动着全世界乐高积木迷的心时，我真的十分感动。如果能和乐高公司一起帮助人们多了解这个世界，将会令人无比兴奋。"

塔克说道。

经过两年的开发，2008年，乐高公司推出了第一款"西尔斯大厦"。这款被命名为"乐高建筑"系列的作品，以黑色为主色调的包装，展现出与儿童商品截然不同的高级感。

同时，积木还选用了白色、土黄色、黑色等别致的颜色，目的是打造出一款能装饰成人办公室的乐高商品。

从结果来看，乐高公司凭借建筑系列的成功，挖掘出了前所未有的新价值。

第一点是开拓了新销路。"乐高建筑"不仅可以在玩具店销售，还可以在美术馆、博物馆等场所进行推广。

第二点是提高了商品的收益。以高级感著称的"乐高建筑"的平均单价是普通儿童商品的 2.5 倍。虽然是在积木单价成本不变的情况下提高了商品售价，但感受到产品魅力的众多粉丝们还是愿意掏腰包购买这款商品。

"这次经历让我再次认识到，打造的世界观可以很大程度地提升积木的商品价值。"

史密斯·迈尔谈道。

环游世界建筑的概念，让乐高公司这一儿童玩具成了大人房间里的装饰物品。最重要的是，这次的研发经验让乐高公司领悟到还可以通过创造故事性不断地挖掘积木价值。

目前，"乐高建筑"已经扩展到 50 多个品类，包括伦敦的大本钟、巴黎的埃菲尔铁塔、东京的帝国酒店、罗马的特雷维泉等，成了乐高积木的热门系列商品之一。

培养穿透式用户

经典营销理论认为，推广新产品和服务的关键在于"创新者"群体，这一人群购买新产品时往往比一般粉丝下手要快。创新者虽然只占全部乐高消费者的约 2.5%，但他们被认为是推动市场的"传教士"。

对于这些"传教士"，乐高公司表现出了积极亲近的态度。像是拉拢了参与第二代"乐高机器人"研发的哈森塞，以及"乐高建筑"系列商品开发的塔克等，这些被粉丝誉为"神"级存在的穿透式粉丝，帮助乐高公司开发出了仅靠公司是不可能研发出来的创新产品。

创新者归根结底是最先购买产品和服务的用户。为了更进一步地激发出这类用户的潜力，乐高公司与全球数一数二的穿透式粉丝联手研发新品。让这群最先进的粉丝们也参与到创新的活动中。

麻省理工学院斯隆管理学院的范·希佩尔教授就用"领先创新者一步去挖掘先进用户"来形容这一举措。

在第二代"乐高机器人"销售火爆的时候，一群狂热的穿透式粉丝就开始变得组织化起来。

这一群体据说在全世界拥有几千个社区，会员人数甚至达到几百万人以上。乐高公司在此基础上通过与这群粉丝的互动，在产品开发中融入他们的智慧。

如下图所示，世界各地的成人乐高积木粉丝群体可以用一个金字塔来表示，金字塔大致可分为三个阶层。

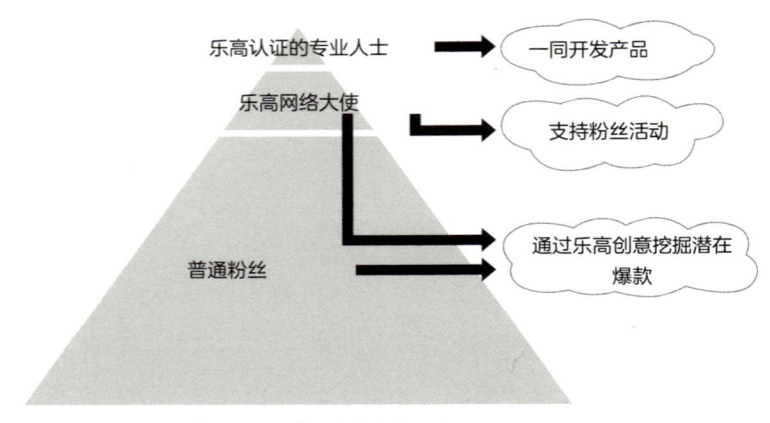

注：由作者根据收集的材料制作而成。

图 5-3　乐高积木粉丝群体

最常见的是普通粉丝，位于其上的是被称为"乐高网络大使"阶层的热心粉丝，而最上层的则是能够利用乐高公司开展业务合作的"乐高认证的专业人士"。

站在粉丝金字塔层顶端的日本人

站在这个金字塔层顶端的乐高公司认证专业人士中，就有一名日本人。这位日本人叫三井淳平，时年 34 岁（2021年），是一名制作巨型乐高公司的专家，也是世界上仅有的 21 位乐高公司认证专业人士之一。

从小就被乐高积木的魅力吸引的三井淳平，在东京大学就读时，曾把喜欢乐高积木的粉丝召集了起来，并创立了"乐高社团"。经历了几年的社会磨砺后，三井淳平成为一名独立的乐高积木制作师，还在自家之外建立了一个乐高积木专用的工作室，负责接受各种客户委托，制作各类乐高作品。与此同时，他还会参加一些与乐高公司相关的活动，以及开办面向儿童的乐高积木研讨会。

"乐高公司通过与我们这样的乐高迷进行交流，可以在与用户保持适当距离的同时，更深入地了解他们使用乐高积木的真实情况。这样的做法也让乐高公司获得了粉丝们的信赖。"

三井淳平谈道。

因为一家企业要认真听取顾客的意见并非易事。尽管如今有很多企业都在通过各种形式收集用户们的建议，并以此为基础着手开发产品，然而真正成功的案例却少之又少。

有人会说，乐高公司之所以能从普通用户里收集到真正优质的创意，是因为乐高公司本来就拥有强大的品牌影响力和众多的忠实粉丝。

但隆德对此予以了否认。

"成功采纳用户的想法，并不是一朝一夕间就能完成的事。乐高公司也是花费十多年的时间，历经了千辛万苦才做到的。"

如果只是盲目地听取粉丝的意见，就难有好的创意。

为此，乐高公司通过金字塔结构将粉丝群进行分层类别，从而有效地挑选出具有开发潜力的粉丝意见。

乐高公司授予位于金字塔顶端的用户"乐高认证的专业人士"的称号，这类用户有时还有机会参与产品的研发。紧随其后的为"乐高网络大使"和"普通粉丝"，一般通过"乐高创意"平台上征集这类用户的意见，然后从中找出新颖的想法。由此，乐高公司构建了一个全方位收集用户创意的组织结构。

同时，乐高公司还通过三个步骤，依次拉近与用户之间的距离。

第一步，实行大众营销。乐高公司通过定量、定性调查收集用户的数据，以此为基础开发产品。这到现在仍是主流的营销手法。

第二步，乐高公司为了更进一步地拉近与用户之间的距离，就会进行"社群营销"，又叫"粉丝营销"。在商品和服务有了固定的顾客后，乐高公司便会集中地收集这一顾客群体关于产品开发的意见。

当加深了与用户的关系时，就会走到"用户创新"这一阶段，即第三步，企业和用户此时便成为一体，开发各种商品的可能性也就变多了起来。

隆德指出："一些企业即使声称有在关注用户们的意见，但大多都仅停留在社群营销的阶段。"为了拉近彼此之间的距离，企业需要与用户进行双向交互的迭代。

麻省理工学院斯隆管理学院的技术创新教授范·希佩尔指出，与用户建立关系的前提是"企业承认用户的想法里也有比他们的想法更棒的。"

倘若企业没有这种认识，就很难把创新的重任交给用户。

组合生产技术成为竞争的主战场

在此就有一个疑问。

企业真的一定要通过用户来实现创新吗？

用户创新归根到底只是开发新商品和新服务的方法之一。如果企业内部有足够的技术实力，能创造出极具魅力的商品吸引用户，也许企业就没有必要特意去听取用户的意见了。事实上，大多数企业以往都是这么做的。

一些勤恳钻研技术的日本制造企业更是如此。

然而如今，商业环境发生了巨大的变化。在跨国界的成本竞争成为常态的今天，通过互联网，信息可以瞬间传播到全世界。很少有企业能够长久地保持技术上的优势。

随着技术的逐渐普及，商品通过几个零部件拼接组合而成的情况反而变得越来越多。

在汽车行业，由丰田汽车公司、德国大众汽车公司等领导的模块化战略就是最典型的例子。把底盘、发动机、变速器等部件，像乐高积木一样组装起来开发生产汽车的方法，如今已被很多车企引进并固定下来。

以结合软件模块的智能手机为首，许多家电也发生了同样的变化。不管是硬件还是软件，众多的产品和服务都在通过零部件的组合形成新的产业竞争格局。

"组合之妙，是今后企业最大的竞争力。"

麻省理工学院斯隆管理学院的范·希佩尔谈道。

有趣的是，乐高公司的用户创新并非通过模块的竞争来实现价值，而是通过探究如何组合模块来创造价值的。

要想利用巧妙的组合来保持商品的竞争力，乐高公司需要做的不是思考该如何拼接这些积木，而是要最大限度地利用用户的智慧，建立起可以将产品反复商品化的结构。

对于其他同样需要将产品商品化的产业和企业来说，乐高公司的这一实践具有很大的启发作用。

从培养领先用户入手

那么，当企业开始着手利用用户创新时，又该怎么办呢？

"首先，应该从培养领先用户开始。"

隆德谈道。

只听普通用户的意见，是看不到真正的需求的。这样做反而会因为发现不了用户的真心话而白费工夫。

与用户沟通其实会给经营者带来不小的负担。因为要拉近与客户之间的距离，就需要经营者直接与客户交流，并能听懂客户们的心声。

实际上，在乐高公司，包括首席执行官在内的管理层也会找机会与粉丝进行邮件互动，实现直接交流。

"邮件里不仅有建设性的意见，也有针对商品的严厉指责。虽然意见很多，难以一一处理，但我们必须认真地对待这些建议。"

现任首席执行官尼尔斯·克里斯蒂安森表示，这么做的负担并不小，却会得到更大的回报。

如果真诚、精准地应对这些建议，企业就能拉近与用户之间的距离。这是创新的第一步。

之后就会有最后一个问题，就是作为一家企业，你想为用户提供什么？

可以说，迈向用户创新的第一步，是一项重新审视自家企业应该为用户提供什么样的价值的工作。

像乐高公司这样果断地进行大规模的裁员，并确立了持续创造价值的创新模式。

在这些措施的驱动下，乐高的业绩逐渐得到回暖。

到了2010年，乐高公司的销售额达到了160亿丹麦克朗（约2 320亿日元）。即便在2008年席卷全球的金融危机之下，乐高公司也几乎没有受到影响。这就是其创新的经营体制坚如磐石的佐证。

　　经过急救活了下来并度过危机后，乐高公司通过一系列的"康复训练"，终于恢复了可以在全球征战的体力。

采访 | **埃利克·范·希佩尔（美国哈佛大学管理学院教授、美国麻省理工学院斯隆管理学院教授）：乐高公司对用户创新的觉悟还不够**

　　埃利克·范·希佩尔出生于1941年8月。他在20世纪70年代提出了"用户创新"的概念。事实证明，产品和服务的创新有时不仅来自企业，还来自商品和服务的使用者——用户。随着互联网的普及，范·希佩尔教授的这一主张一跃

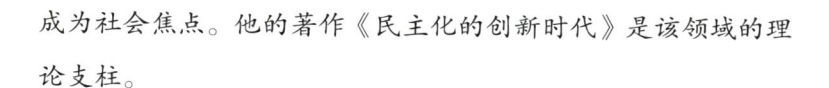

成为社会焦点。他的著作《民主化的创新时代》是该领域的理论支柱。

——教授,您提出的"用户创新"是一个什么样的概念呢?

"说白了,创新不仅来自产品和服务的制造者——企业和研究所,也来自其使用者——用户。"

"说到创新研究领域的大师,就不得不提到约瑟夫·熊彼特,包括他在内的很多研究者都一直认为创新仅来源于企业和研究所。但是调查之后,我们可以发现,有的情况并不一定适用这一原则。反而是商品的使用者——用户,当遇到现成产品无法满足自身需求时,可以看出产品和服务的潜在创造性和需要改进的地方。这是由企业这个封闭组织之外,具有多种价值观的消费者所主导的。"

"而且有趣的是,一个消费者发起的产品改良,有时也能满足其他消费者的需求。用户创新就是从这样一个给部分消费者带来利益的产品和服务开始的。到了20世纪90年代,随着互联网技术的广泛应用,用户创新的机会变得越来越多。'开源'一词也流行了起来,大家一起创造一些东西的共创概念迅速普及开来。美国3M、宝洁等大企业也开始致力于战略性创新,并受到了全球的关注。"

——乐高公司的用户创新也让粉丝参与到开发当中。

"我认为这种做法很好。乐高公司主要通过两种方式来进行用户创新：一种是像'乐高机器人'那样，建立了领先用户可以参与开发的机制；另一种是像现在所说的众筹一样，通过'乐高创意'平台集思广益。"

"不过，乐高公司也还不能说是最大限度地发挥了用户创新的优势，它还可以做出更加深度融合用户创意的产品。现在，乐高公司一年大概有十款产品是通过乐高创意平台开发出来的。但如果能全面发挥平台的作用，相信收集300多个创意都不在话下。"

——那为什么乐高没有这么做呢？

"很简单，因为如果用户创新太多，公司内部的设计师就要丢掉饭碗了。当然，乐高公司的管理层可能也在考虑增加开发用户创意产品的数量。不过，他们要是咨询员工们的意见，自然随便都能找到反对的理由，比如'品质不保''无法持续产出优质创意'等。"

"强行提高用户创新的比例，可能会打击设计师的工作积极性。也就是说，用户创新与组织之间总是存在着某种矛盾。"

——也就是说，乐高公司的包括设计师在内的员工需

要改变自己的观念吧。

"是的。但是说起来容易，做起来难。例如媒体行业也有同样的现象。"

"假设某家出版社或报社，为了实现用户创新，欢迎普通读者借用自家公司的品牌写出自己喜欢的文章。但是，一个在媒体行业里成长起来的经营者，真的会允许这样的事情发生吗？"

"光是想一想，你就知道这是多么困难的挑战。其他很多企业也在为类似的问题而苦恼。不过，我的研究表明，利用用户创新可以有效地提高产品的服务和质量。且用户创新对在组织中工作的每位员工的价值观也有很大的影响。可问题就如刚才所说的例子那样，一个有记者头衔的人会很难承认外行人能写出比自己更好的报道。"

"从这种情况来看，乐高公司已经算是一家非常善于运用用户创新的企业。可在我看来，乐高的觉悟还远远不够。毕竟企业不能减少现有资产——设计师的工作。就连乐高公司也是如此，所以我想你会明白，一家有'固有资本'的企业想要采用用户创新是多么的不容易。"

——那么是否可以改变传统企业的观念呢？

"会很难。就像我前面说到的，如果企业想要成功创新，首先要改变自以为无所不知的意识。"

"前几天发生了这样一件事。一家大型汽车制造商在一场业内活动上做演讲。负责人认为自己对汽车的了解比用户更多,便在一个以用户创新为主题的活动上就他们设想的'未来汽车'侃侃而谈。然而,此次活动的参与者都是汽车制造商想要创新合作的对象。"

"这位负责人做了长达一个小时左右的演讲,但他谈到的每个功能都早已在业内实现了。所以整场下来,除了他本人其他与会者都感到有些扫兴,最后,一位用户终于忍不住指出:'你的设想几乎都已经实现了'。于是,那家汽车制造商的负责人便恼羞成怒。这类人其实是陷入了一种错觉,总认为自己比用户懂得更多。而且这种风气并不只是汽车制造商才有的。越是历史悠久、产品强大的企业,就越难改变这种观念。"

"在大学的圈子里,有一种免费讲座是通过线上的形式传播课程内容,但很多教授并不愿意开设这样的课。不是因为他们不好意思,而是因为这些教授很抗拒将自己的课程免费传播出去。同样,那些容易被旧观念束缚的传统企业也需要在这方面多加注意。"

"通过乐高公司的例子,我们可以看出,所谓的用户创新,并不是从一开始就计划好的。有时候是在企业陷入经营危机之时,被最终引导迈出的一步,而且这需要经营者有强烈的意愿才能实行起来。能否把发挥用户的力量当作开拓企业新境界的机会，则取决于企业能否果断行事。"

"企业很难阻止用户主动进行创新，且这样的改良并不一定会对企业造成负面影响。相反，如果企业能够很好地听取用户的意见，就有很大可能促进企业的发展。企业应该尽早意识到这一点。"

可以通过玩游戏培养创造力的乐高玩具十分受人欢迎

第 6 章

培育人工智能时代的技能，通过游戏学到的创造性思维

曾一度陷入存亡危机中的乐高公司，借此机会开始重新审视积木的价值，并由此化险为夷，重获消费者们的支持。

在追求玩具价值的同时，乐高公司也从很早就意识到，积木的组装行为，不仅是一种儿童游戏，其中还蕴含着更大的意义。

也就是孩子们可以通过游戏的方式安全地考验自身的能力，从而增强自信心，培养创造力。即进一步地培养他们的探究精神。

1984 年，第三代掌门人克伊尔德·柯克·克里斯蒂安森偶然在电视上看到了一档教育节目。这也成了乐高积木转变成学习型玩具的巨大契机。

遇见麻省理工学院媒体实验室的知名教授

有这么一个视频，拍摄地是麻省理工学院的媒体实验室，画面里孩子们在开心地操作电脑。他们有的在画画，有的在设计交通工具，有的在移动积木。大家都沉浸在各自的创作中。这时，镜头对准了坐在中心位置的一名高高壮壮的男子，从他的胡子拉碴中能看到那洁白的牙齿，给人留下了深刻的印象。

面对采访，男子热情地谈论着计算机和教育的未来。

"计算机的奇妙之处在于，孩子们可以同时体验以前分散独立的体验。像是美术、数学、分析、理论等，所有这些都可以通过计算机程序结合起来。"

教育中最重要的不是教什么，而是要观察孩子们关心什么，对什么事物产生浓厚的兴趣。该男子呼吁，抓住孩子们的心才是教育的本质。

"即使我们不教他们，孩子们也会自主地进行各种尝试，去学习不同的东西。玩耍的同时也能进行学习。所以说，教育不是要你去花大量的时间给小孩进行各种说明，而是要和他们建立更深的羁绊。"

看完这个视频后，克伊尔德·柯克不仅对这名男子的谈吐印象深刻，更是被他所主张的"边玩边学"的想法深深吸引。因为克伊尔德·柯克也是这么想的。

"我想见见他。"

于是，克伊尔德·柯克立即让公司找到这名男子。

这位参加节目的男人叫西摩·帕珀特，是美国麻省理工学院媒体实验室的知名教授。

授之以鱼不如授之以渔

帕珀特的职业生涯始终伴随着儿童的教育研究。

1928 年，帕珀特出生于南非，曾在英国剑桥大学从事数学研究，后转入瑞士日内瓦大学学习发展心理学。在瑞士当研究员期间，他与以儿童认知学闻名世界的让·皮亚杰并肩办公。

后于 1963 年离开欧洲，转入麻省理工学院。此后 20 多年，帕珀特一直在波士顿进行儿童学习和认知方面的研究，在美国教育界成为家喻户晓的人物。

帕珀特认为，儿童是通过经验来学习的。

"人只有将内在的经验塑形，才能进行认知和学习。"

如果按照帕珀特的理论，那么孩子们自学的效果，会比大人直接教导得要好。所以，在儿童教育上，需要准备一套能够让孩子们产生浓厚兴趣，且不容易厌弃的教材。

帕珀特经常表示："如果所用的教材不能让孩子'坠入爱河'，就无法让孩子实现深层学习。"

动手制作东西，可帮助孩子自我构建内在的形象和心理。这种通过游戏体验到的行为被帕珀特命名为"构造主义"，并形成了一套理论。

在提出这一理论的帕珀特看来，乐高积木是一个非常有趣的玩具。任何人都可以轻松组装乐高积木，自由地将脑海中的世界真实地展现出来。最重要的是，乐高积木能让孩子们玩得不亦乐乎，因此，这引起了帕珀特对乐高积木的兴趣。

在 20 世纪 70 年代末，帕珀特开始使用乐高积木进行实验。

他想把电脑和乐高积木结合起来，给孩子们编一套新的教材。1967 年，帕珀特与同为数学家、人工智能的权威人士——马文·明斯基教授一起，在麻省理工学院设立了人工智能研究所。

在这个研究机构中，帕珀特研究了孩子在电脑上绘制各种图形时的思维过程。一款名为"LOGO"的教育类编程语言就是其中的一个研究成果。

1985年，帕珀特成为著名计算机科学大师尼古拉斯·尼葛洛庞帝等人创办的麻省理工学院媒体实验室的创始成员。自此，他才真正开始通过之前酝酿已久的LOGO编程语言进行操控乐高玩具的项目开发。

与乐高合作研究的成果

当克伊尔德·柯克偶然在电视上看到他的时候，帕珀特正在开发这款可以编程的乐高积木。

不仅是麻省理工学院，邻校的塔夫茨大学等也在积极地广纳有志之士，以期通过反复试验制作出可用编程语言操作的乐高积木。

尽管帕珀特的团队内部的研发在此时已初见雏形，但是要想更进一步，就必须与乐高公司进行合作。当时参与该项目的麻省理工学院媒体实验室的教授米切尔·雷斯尼克回忆道：

"尽管使用乐高公司的编程研发进展得很顺利，但团队的每个人都认为需要跟乐高公司进行一次合作。也就在这个时候，乐高公司的高管写信说要见我们。这让大家都感到十分意外。"

帕珀特和克伊尔德·柯克在第一次会面后，便互相心领神会，一拍即合。克伊尔德·柯克听到帕珀特的研究构想后，立即决定对其研发团队予以支持，并开始让团队与乐高公司的教育产品部门 LEGO Dacta 合作。

1987 年，乐高公司和帕珀特团队共同研发出了第一个合作成果——乐高 TC LOGO。乐高 TC LOGO 运用 LOGO 的编程语言，并通过在积木上安装的马达等结构让乐高积木能够动起来。是一款将乐高积木与电脑相结合的独特的乐高作品。

以帕珀特的构想为基础的乐高积木，在后来又得到了进一步开发。到了 20 世纪 90 年代，随着计算机性能的提升以及外观的不断小型化，在积木中载入计算机功能的构想也成了可能。帕珀特将这类积木称为"智能积木"，并加快了与乐高公司的合作开发进度。

1998 年，乐高公司推出的"乐高机器人"便是之前的智能积木构想经过合作研发后的成果，其能做出的动作比前身的乐高 TC LOGO 要复杂许多。运用编程语言的乐高玩具在操作上变得更加自由。

乐高公司和编程的结合使得产品成为极具人气的教学类用具，并被高中、大学等学校广泛应用。"乐高机器人"不仅在当时的乐高热销玩具排名中名列前茅，更成了乐高用户创新开发的源头，这一点在第 5 章中也有所提到。

第 6 章 培育人工智能时代的技能，通过游戏学到的创造性思维

为了向帕珀特致敬，"乐高机器人"的产品英文名被命名为"Mindstorms"，取自帕珀特在 1980 年完成的《头脑风暴》（*Mindstorms*）一书的书名。

用编程语言驱动乐高积木的构想，决定了乐高积木作为智育玩具的地位。

同时，通过与帕珀特的会面，乐高公司还为自己的"Learning through play"（边玩边学）理念确定了理论框架。

"人类可以通过动手制造东西来构筑心中所想。"

基于这一理论，乐高积木再也不仅是普通的儿童玩具，它还成了能帮助人们学习、激发自我意识和认知的工具，因此受到了各个年龄层人群的欢迎。

通过组装培养的创造性思维能力

那么实际上，组装乐高积木到底可以学到什么呢？请各位回忆一下在序章中提到的组装小鸭子的故事：现任乐高集团总裁约恩·维格·克努德斯托普在演讲中，给每位与会者分发了六块积木，并要求大家在限定时间内组装出一只鸭子。

克努德斯托普以此展示了乐高积木无限组合的可能性，而这场"鸭子挑战"也很好地表明了乐高积木是培养创造性思维的好工具。

"创造性思维并不是单一的能力，而是各种素养的组合。

在没有标准答案的情况下，需要人们将精力集中到过程中，并像组装积木一样，在脑海里将想法反复组装和分解，从而获得一个复合型的想法。"

负责统筹乐高公司教育开发研究的乐高基金会的博·马奇纳·汤姆森这样说道。

组装鸭子大致能培养出六种创造性思维能力这些能力都是支撑乐高公司边玩边学理念的重要因素。下面我来给大家重新按照组装的过程对这六种能力进行梳理。

①打开袋子，取出六块积木，并迅速将它们的颜色、形状、大小等进行正形识别的能力叫作"空间识别"（Spatial Ability），这种能力能让人在头脑中将物体的形状和关系进行可视化。是理解数学和科学不可或缺的能力。这里对每块积木特征的认识，基于头脑中所描绘的鸭子形状。

②将取出的形状各异的积木比作想象中的翅膀、鸭嘴等的能力叫作"象征性表象"（Symbolic Representation），这种能力可以通过用具体的积木表现内心表象来得到锻炼，如思考"这块积木会成为躯干的一部分吗"等行为，就是运用了这一能力，这是思考和解决问题等认知活动中必不可少的能力。

③将积木组装成鸭子，需要进行梳理和规划具体组装步骤，以及实际执行的能力，被称为"执行功能"（Executive Function）。在组装中遇到困难时，也要继续重组积木的过程有助于训练同时控制行为、思维和情绪的能力。

④在组装过程中，专心并坚持完成操作，可培育出"集中力"（Concentration）。

⑤能抗住要求 60 秒内完成的压力，并集中注意力让自己能在限定时间内组装出鸭子，有利于提高自身的"自我调节能力"（Self Regulation）。

⑥将成品鸭子分享给周围的人看，客观地介绍自己的作品，并与大家进行交流等行为，可提高自身的"协作能力"（Colaboration）。

除了以上六种能力，组装积木还能锻炼记忆力和想象力。这些都是培养创造力的要素。

在应对新挑战的时候，我们既需要不受现有框架限制的创造力，也需要有逻辑思维来具体解决问题。为此就需要同时使用左脑和右脑，而乐高将此称为"系统创意"。

让组装者进入深层学习的状态

当然，培养这些能力的方法不止一种，除了使用乐高积木，还有其他很多有效的方法。不过，组装乐高积木有两个独有的特征。

第一是谁都可以使用积木来表达自己的想法。

"试着动手组装积木，就能让自己脑海中的形象更加清晰地浮现出来。"

乐高传
在危机中涅槃

正如汤姆森所解释的那样，动手制作乐高积木模型，带来的学习效果远高于在纸上绘画等二维捕捉行为。

绘画和音乐虽然也是表现想法的手段，但在能够自由表达意愿之前，人们需要进行相应的练习。而乐高积木却能让任何人都可以立即通过组装积木表达自己的想法。正因乐高积木的低门槛，使得乐高积木能被更多人接受。

还有一点是能够边学边玩。

乐高积木本身就是一种玩具。全神贯注地组装乐高积木的行为能有效提高孩子们的学习积极性，潜移默化地引导他们进入更深层的学习。

美国心理学家米哈伊·奇克森特米哈伊将这种沉迷其中、反复试验的精神状态命名为"心流"（flow）。引导孩子进入在运动世界中常被称为"境"的状态，就有可能让孩子们产生更深层次的想法。

美国从 21 世纪开始，就愈发对 STEAM[1] 教育产生浓厚的兴趣。这一教育以横向学习不同领域的知识技能为宗旨，让儿童通过具体动手制作物品，将不断试错的过程作为学习的核心。

创造东西，并从中主动试错，这种学习与乐高公司追求的创造性思维的培养本质上是一样的。

---

[1] Science, Technology, Engineering, Art, Mathematics 指科学、技术、工程、艺术、数学。

第 6 章　培育人工智能时代的技能，通过游戏学到的创造性思维

该教育方式并不是让人通过单纯地听课来掌握知识，而是让人用实物把脑中的想法具现化的同时进行学习。不是以往那种课堂填鸭式的学习，而是以主观能动性的方式培养创造力的方法，这种新的教育方式想必会在今后受到更多的瞩目。而乐高积木作为这一方法的有力教学工具，势必会被很多人关注。

解放人类的创造性思维

麻省理工学院和乐高公司研究的创造性思维成果，不仅仅局限于"乐高机器人"。除了积木，乐高公司还在少儿编程领域有了巨大的创新。

带领创造出这一巨大创新的核心人物，是麻省理工学院的雷斯尼克教授，他是帕珀特教授的学生和同事，也是1999年从麻省理工学院卸任的帕珀特研究团队的接班人。

雷斯尼克原是一名财经杂志《商业周刊》的记者，并在美国西海岸的硅谷生活工作。因一次对帕珀特的采访，对其提出的教育论印象深刻。"我的目标是给所有孩子提供一个探索、实验、表现自我的机会，把他们培养成一个能够在社会上大显身手的创造性思想者。"

帕珀特在接受雷斯尼克采访时，热情洋溢地谈论着未来教育，这极大地刺激了雷斯尼克的思想。

"这才是我应该做的事。"

原本就对教育很感兴趣的雷斯尼克在醒悟之后,辞去了记者一职,并决定师从帕珀特。

此后,他便如愿地成了麻省理工学院的一名研究员,并搬到东海岸居住。自此,他便一直跟着帕珀特,以创造性思维为课题进行相关的教学研究。

雷斯尼克曾思考过一个问题,即"人在人生的哪一个时期,最能提高创造性思维能力?"

于是,他通过反复研究后得出了结论,那便是幼年时期。"在幼儿园,每个人的思维都十分地自由,像是玩游戏、制作东西,和朋友一起做一些事情,活动手和身体等,幼儿们不会感到害羞,他们可以大胆地投入各种创作活动中。遗憾的是,人长大后,就会失去这些能力。可未来又需要人们就算在长大后,也像幼儿园的孩子一样永葆好奇心和创造力。"

为此,雷斯尼克将解放人类创造性思维的活动项目命名为"终身幼儿园"(Lifelong Kindergarten)。顾名思义,这是研究如何保持如幼儿园时期的创造力的重要项目。

少儿编程语言的开发,就是该研究项目的内容之一。

自帕珀特开发的 LOGO 以后,就没有出现过能够代替它的新少儿编程语言。然而,LOGO 随着时代的发展正逐渐变得落后,使用不便的地方也日益明显。例如,LOGO 语言,需要一个个地输入才能对终端发起命令。因此在 21 世纪以后,用鼠标直观操作的图形用户界面(GU)则成了主流。

第 6 章　培育人工智能时代的技能，通过游戏学到的创造性思维

"LOGO 本是一个很棒的概念，但到了 21 世纪后，却变得非常落后。"

雷斯尼克回忆道。

因此，雷斯尼克的团队需要开发出 LOGO 的进化版，即与时俱进的，并能进行直观操作的新编程语言。

应运而生的编程语言"Scratch"

从 21 世纪前五年左右，在雷斯尼克的领导下，一个沿袭 LOGO 概念，并加入最新功能的语言开发项目就此开始。

在开发的过程中，雷斯尼克从乐高积木中受到了很大的启发。

雷斯尼克在开发时曾面临一个挑战，即如何才能让孩子们直观地理解编程。那时的他一边摆弄着乐高积木，一边思索着，后来意识到编程其实就像是在组装乐高积木。

例如，想要将画在画面上的兔子向右上方移动时，可将步骤分解成"向右移动"和"向上移动"这两个移动组合。这种指示就如同组装积木般按顺序排列，使逻辑思考变得容易理解和视觉化。

"编程就像在把数字积木搭建起来。因此，乐高积木的基本玩法奠定了整个程序的基础。"

于是到了 2007 年，名为"Scratch"的编程语言被研发了出来。

为了满足孩子们的需求，雷斯尼克团队还在"Scratch"中加入了图片和音乐，并配备了可与其他网络用户共享程序的功能，以便新语言能适应这个社交网络时代。

本着培养尽可能多的孩子创造性思维能力，雷斯尼克还把该编程语言的资源免费公开发布到网上。

成为编程教材的标准

"Scratch"一经发布，便很快成为热门的少儿编程语言，作为标准教材在教育一线上占据了重要地位。

此外，在美国苹果公司的平板电脑（iPad）问世后，"Scratch"的团队还开发出了面向低龄儿童的"Scratch少年"等产品。目前，"Scratch"的全球注册用户已超过7 800万人（截至2021年10月）。

2020年起，日本的学习指导大纲经修改之后，编程教育在日本的小学也成了必修内容，"Scratch"作为热门少儿编程语言也因此备受关注。

与"乐高机器人"一样，乐高公司也将"Scratch"巧妙地融入实体商业的开发当中。

例如，2017年，乐高公司发布了新品"乐高Boost"。该款产品可使用平板电脑操作组装好的乐高积木，可以说是"乐高机器人"的进化版，其使用的软件编程语言也是从

"Scratch"中得到的启发。

2018年以后，"乐高Boost"等产品得到了进一步的改良，具有了可以用平板电脑操作积木的功能，这些功能大多数都是以"Scratch"的理念为基础的。

麻省理工学院媒体实验室与乐高公司的合作关系延续至今，在拓展出"Scratch"项目的同时，双方也在努力地推广激发创造力的乐高教育。

帕珀特所提倡的通过动手创造，构筑内在形象和心理的构造主义理论。虽然并不太为人所知，但其本质却直接体现了人类所具有的创造性思维的潜力。

以克伊尔德·柯克偶然在电视上看到帕珀特的项目为契机，麻省理工学院和乐高公司的交流由此开始。对乐高公司产生巨大影响的帕珀特于2016年逝世后，雷斯尼克便成了麻省理工学院媒体实验室的接班人。

自从与麻省理工学院成功合作后，乐高公司以此为榜样积极地与中国清华大学、英国剑桥大学等十余家高等学府继续开展儿童教育的主题研究。

通过动手制作、反复试验的过程来学习的创造性思维，在人工智能不断发展的现代，将会愈发地备受瞩目。

除具有儿童教育价值外，如今的乐高公司还成了职场成年人士的学习用具和企业的战略制定工具。在下一章中，让我们来见识它在职场里的实际作用。

> 乐高传
> 在危机中涅槃

采访 | 米切尔·雷斯尼克（美国麻省理工学院媒体实验室教授）：通过乐高，可以深入地提高创造性思维

米切尔·雷斯尼克于 1956 年 6 月出生。已故的麻省理工学院教授西摩·帕珀特的愿景"为所有孩子提供创造的机会"让雷斯尼克深有感触，雷斯尼克辞去记者一职，转型参与到"乐高机器人"的开发项目当中。2007 年，开发出了少儿编程语言"Scratch"。在麻省理工学院媒体实验室，带领团队致力于激发幼儿创造力的"终生幼儿园"项目的研究。

——创造性思维能力变得越来越重要了。

"是的，应该再也没有比现在更需要创造性的时代了。互

联网、人工智能技术的进化正戏剧性地改变着教育界。昨天的常识在明天可能就会行不通。为了在风云莫测的未来生存下去，我们需要不拘泥于传统的思维。"

"在变化无常的时代里，想要生存下去的必备素养虽然不只有这一点，但我坚信，创造力将成为一种重要的能力。今后，我们承担的很多工作会愈发地需要创造性。创意的反义词是常规，而往后的常规工作将会交由机器人承担。人类在未来很可能无法通过一些常规工作来创造价值。"

"我在麻省理工学院媒体实验室里开展的'终身幼儿园'项目，就是针对如何提高创造力这一课题进行的研究。"

——终身幼儿园是一个怎样的项目呢？

"非常简单，终身幼儿园就是在验证一个假说，即人的创造力在幼儿园时期最为活跃。在这个时期，人们自由地进行构思和活动，并不会被一些条条框框所束缚。有的孩子会用积木建造城堡，有的会用蜡笔作画，有的会唱歌，他们对各种各样的事情产生兴趣，不被社会的规矩所禁锢，能不断地表达自己的心情和想法。"

"然而，随着人的成长，这种创造性会逐渐消失。主要原因在于教育，像是阅读、写作、算数等所谓的记忆型知识的学习，在幼儿园时期之后会不断增加，比起创造性，背诵成了教育的中心。可是，正如刚才所说的，未来需要的是能唤醒沉睡在人们自己体内的创造力的教育。所以'如何永葆幼儿园时期的创造力'就成了这个项目的主题。"

"在具体的活动中，我们的目标是借鉴幼儿园时期的生活方式，并将其转变成通用于所有年龄层的普遍模式。也就是将幼儿园孕育的创意精华落实到具体的方法论上。"

"成为一个有创意的人，除了顺应时代的教育要求，还能帮助我们去思考人生中的幸福是什么。能够创造性地表达自己的人，就能够向世界发出自己的心声。思考应该向世界传达什么，才是探索人生目标的关键。"

——您认为现在的教育面临着什么样的挑战？

"现在，随着孩子的成长，孩子们的学习体系逐渐丧失了创造力。上了小学后，他们大多数时间都会坐在书桌前，度过他们的学生时期，而且还会被要求听老师讲课、抄写笔记、背书等。不得不将大量的时间放到背诵上，使得自发思考问题的机会越来越少，最终失去创造性的思维能力。"

——也就是说您认为当下的社会缺乏培养创造力的教育体制。

"现在的整个教育体系都是按照硬性规律来运作的。我把这称为广播型教育方式。一位老师就像电视广播一样，单方面地把知识传播给很多学生。这种方法适合一些已有正确答案的知识。对于老师来说，因为方法已经确立了，所以只要反复、同样地灌输这些已有的知识，就能保证一定的教学质量。这是一个非常方便的教育体系。这和工厂生产产品的结构十分相似。"

"不过要注意的是，无论再怎么教导创造性思维的重要性，如果通过广播型教育来传播这一道理，只会收效甚微。创造性思维是很重要，但是由抱有传统思维的老师说出来，就没有太大的意义了。为此要从根本上改变教学方式，需要老师和学生进行反复的双向沟通。"

"要做到这一点，就要老师在意识和角色上做出很大的改变。双向互动不像以往的教育那样有固定的标准答案。必须由老师自己找出正确答案。对于习惯了传统体系的人来说，这是一个很大的挑战。"

——即使是 STEAM 教育比较先进的美国，也有这样的问题吗？

"现在，仍然有很多人支持现有的教育体系。因为现在的教育方式在传递信息上的效率非常高。相反，双向互动的效率就显得非常低。因为就算老师和孩子们一同进行各种探索和互动，也无法预测学生会在什么时候学到了什么。"

"只是如果孩子们能够通过创造性思维，靠自己发现创意和知识，就会学得更加扎实，是以往的教育所无法比拟的。"

——具体通过什么方式改变教学呢？

"我认为，终身幼儿园的基本方法是做到'4P'，即项目（Project）、热情（Passion）、同伴（Peers）和游戏（Play）。"

"要想实现自己的想法，就需要定下目标，并主动、努力地去完成任务（项目）。通过和伙伴一起共同作业（同伴），让自己能像玩游戏一样不畏风险挑战，勇于迎接新事物（游戏）。而人越是热衷（热情）于自己感兴趣的东西，就越能深入去学习。"

——乐高积木是如何帮助人们培养创造性思维的？

"激发创造性思维，需要孩子们快乐地作业。而乐高积木就是一个非常有用的教学辅助工具。乐高公司和麻省理工学院媒体实验室在很长的一段时间里，共同探索了如何让孩子们通过玩耍实现学习的问题。当然，终身幼儿园项目也一直得到乐高集团的支持。"

——能谈谈与乐高合作研发出来的少儿编程语言"Scratch"吗？

"乐高在2002年就已经开始开发Scratch，但早在1998年，初代'乐高机器人'诞生的那年起，我们就已经在酝酿计划，希望能通过电脑程序给孩子们带来新的体验。"

第6章　培育人工智能时代的技能，通过游戏学到的创造性思维

"麻省理工学院媒体实验室有一款少儿编程语言叫 LOGO，是我的导师，麻省理工学院教授西摩·帕珀特开发的。在 LOGO 出现之前，人们一直认为电脑对孩子来说太难了，但老师让人们发现原来孩子也能很好地运用电脑进行设计和编程。"

"后来，我和老师一起参与开发的'乐高机器人'大受欢迎。那次研发让我从乐高积木中获得了许多灵感，并运用到'Scratch'的开发中。"

"进入 21 世纪后，LOGO 变得有些落后了。因为 LOGO 是 20 世纪 60 年代开发的语言，其语法和分号的位置等，对于孩子们来说都太过复杂了。不过现在像 Jara 和 C++ 等语言也一样很难学习。"

"因此，我想出了一个新的方法，让孩子们可以更简单地用电脑制作属于自己的游戏和故事。这个方法就是将指令像乐高积木一样组合起来。把程序比作积木，就能让编程语言变得既直观又易懂。"

"为了迎合时代，我们在'Scratch'里加入了音频和图片，并安装了适合不同孩子的程序和社交功能，让全世界的孩子们都可以共享作品，互相激励。"

"顺带一提，'Scratch'一词是唱片骑师在组合各种音乐时使用的词语。给这款编程语言取名'Scratch'就是希望它能像创作新音乐一样，组合孩子们的各种想法，促进新创意的诞生。"

——在日本，编程教育已成为小学的必修课。使用"Scratch"的机会变得越来越多。

　　"非常欢迎大家使用'Scratch'。也希望以此为契机，让日本的一线教育也能认识到互动学习的重要性。程序就像积木，只要能灵活运用程序，就能使其成为培养创造力的有力工具。也期望'Scratch'能打造出像幼儿园般自由的世界，为教育做出应有的贡献。"

　　——您认为创造性思维的发展前景如何？

　　"我认为短期内会比较悲观，但长期来看还是比较乐观的。因为我知道，要想让创造性思维普及开来，改变的过程就必会伴随着困难。现代人仍然按照传统方式学习。这种根深蒂固的想法不是一朝一夕就能改变的。但长远来看，创造性思维的前景又是乐观的。因为人们已逐渐认识到了其重要性，并且热度愈发势不可当。这种浪潮在未来将会变得更大，我也愿为这一趋势贡献一分力量。"

　　"我原本是一名经济杂志记者。在一次采访中遇到了老师帕珀特，并被他的远见所折服。于是我改行换业，自此一直朝着这一目标努力。围绕创意的问题虽并不容易解决，却也是一个非常大且有意义的课题。我想给身处在不同环境的所有的孩子们，提供能够自由自在地探索、实验、表达的机会，帮助他们培养出创意思维者应当具备的资质。"

用于激发企业组织性的"乐高认真玩",在日本也受到了越来越多的关注

第 7 章

为企业制定战略的乐高公司,经营危机中催生的"乐高认真玩"

从自我启发到团队建设、激活组织,再到制定战略。

如今,乐高积木作为一种学习工具,不仅流行于儿童圈内,也盛行到了成人圈里。

那么,积木是如何激发企业组织性的呢?为了让大家能更好地理解其在成人圈里发挥的作用,下面给各位介绍一个具体的案例。

这是一家企业的会议室。

会议室内将举行一场销售员的研讨会,且会议将用到乐高积木。参会的五名员工是被寄予厚望的企业高管候选人。此次研讨会的目的是想提高员工们的销售专业意识,让每个人都找

图 7-1　每位参会者在介绍自己创作的作品,将想法通过语言表达出来

出各自的具体目标，认识到自己能为团队和组织做出什么贡献。

成员们围着大桌子就座。每人的前面都放着各种不同形状的乐高积木，这些积木替代了纸笔。所有人都坐在积木前准备就绪后，导师下达指令道："请各位先使用眼前的乐高积木，制作出一座塔。"

挑战要求在限定时间内搭建尽可能高的塔楼，并在顶部放置乐高玩偶（迷你手办）。这样做的目的是想让大家先习惯乐高积木。到时间后，每个人都要介绍自己的作品，并评论其他人的作品，以此缓和现场紧张的氛围。之后，参会者们要挑战的难度变得更高。

导师接下来提出这样的问题。

"请用乐高积木来表达你最大的优势。"

听到这个问题后，参会者们纷纷露出了困惑的表情，导师见状立刻补充解释道：

"在思考之前，各位可以先试着组装积木。如果想不出来也没关系，大家可以什么都不用想，只需要专心组装积木就好。"

在导师的指导下，参会者拿起积木试着组装了起来。有的人很快就能做出一些东西，而有的人则拿起积木陷入了沉思。几分钟后，场面开始出现了变化。参会者们渐渐地能用乐高积木来表达自己。

有人用乐高积木造出了直线箭头，说明自己的强项是"勇于突破"；有人在塔上摆放了一个迷你手办，想要表示自己擅于"登高望远"。

尽管在导师刚抛出问题的时候,参会者们毫无思绪,但在尝试动手组装积木的过程中,各自心中的模糊想法逐渐地具现化出来。

时间一到,参会者们又一次地就自己的作品进行了说明。"箭头上使用的红色部分代表着我的热情,随处可见透明的部分,则是脆弱的表现。"

"这款迷你手办虽然站在高处能看到远方,但可能因此忽视自己脚下发生的事情。"

每位成员仔细地观察着自己组装的作品,并对此进行了一番剖析。介绍完后,听讲的导师和其他参会者们纷纷提出各自的疑问:"为什么箭头指向那边?""为什么塔楼的积木是红色的?"

大家互相评价,参会者又对自己作品进行了更为具体的说明。这一过程也让所有人对自创作品有了更深刻的理解。

在这个过程中,参会者们逐渐认识到,组装积木可以帮助自己表达心中模糊的概念和想法。而且随着流程的不断反复,参会者的注意力也在持续提高,埋头于组装当中。

看到现场气氛如此热烈,导师又提出了一个个更难的问题:

"各位接到过的最好的销售单子是什么样的?"

"大家不想再接什么样的销售单子?"

"如果你离开公司,公司的销售将会失去什么?"

针对这些问题，参会者均需在限定时间内，用组装出的积木作品表达自己的想法，之后与其他参会者共享，并将想法用语言表达出来。如果参会者对第一次的组装不太满意，那么导师就会让参会者进行第二次、第三次的组装。

在这个过程中，参会者会惊喜地发现，借助积木的组装，他们能逐渐看清自己心中认为的"营业价值"和"个人价值"，甚至能用自己的语言表达出来。

在研讨会的最后阶段，许多成员可以非常清晰地表达他们的价值和他们对销售的重视，并与其他参会者分享他们的想法。

"那么，请用文字写出作为销售的你，具体能以什么样的形式为公司做贡献。"

此时，许多参会者已不同于起初迷茫的样子，而后流畅地把自己的优势写在了纸上。

以上就是利用"乐高认真玩"培训企业员工的一个片段。

组装乐高积木的行为本身，与孩子们用乐高积木学习玩耍并无二异。两者的不同之处仅在于拼的是什么主题而已。

使概念和想法成形

儿童组装的对象往往是鸭子、飞机、房子等看得见的物理物品，将现实中存在的对象物尽可能真实地用积木再现出来。

而"乐高认真玩"中组装的对象则是抽象的"形象"和"身份"。

"动力""领导力""愿景",对于这些乍一看难以琢磨的概念,就需要通过一边组装积木一边使其在脑海中成形。刚开始尝试的人可能会有些不知所措,但就像刚刚介绍的研讨会的例子中所描述的,人在反复摆弄着积木的同时,脑海中潜藏的意象便会渐渐具现化为自己手中的乐高积木模型。

"乐高认真玩"大体分为四个步骤:制造(组装)、说明、共享、重新评价。整个过程下来可以有效地促进概念的可视化。

将抽象概念转换成积木来表达的过程具有重大的意义。因为人不一定都能准确地表达心中所想。比如"领导力"这个词,每个人的理解方法都不一样。即使自己能够进行表达,也可能因为对方接受的方式或理解不同,造成意思传达失败。

但是,通过乐高积木这一共同的语言,就能让自己理解的概念比想象中要更顺畅地传递出去。既能将心中的想法清晰地表达出来,又能与他人无隔阂地共享,这就是"乐高认真玩"的一大特点。

探求组织应该遵从的规律

开发出"乐高认真玩"的是一名丹麦的乐高员工,名叫罗伯特·拉斯穆森。

第7章 为企业制定战略的乐高公司，经营危机中催生的"乐高认真玩"

拉斯穆森在乐高公司的教育部门"LEGO Dacta"（现为乐高教育）长期负责开发儿童教材。他坚信成人也能利用乐高解放创造力，因此提出制作一个名为"乐高认真玩"的课程。

"对于成年人来说，乐高积木是帮助沟通顺畅的强大的辅助工具。利用乐高积木举办研讨会，不仅能让每个参与者的思路变得清晰，也能让团队变得更加团结。"

拉斯穆森之所以这么认为的第一个原因是他确信使用积木可以使人类复杂的情感成形。

如前面提到的案例，比起口头交谈，将"领导力""愿景"等概念用乐高积木模型来表现，可以让人对这些抽象的词语有更深刻、正确的理解。在讨论公司优势等在认识上会因人而异的主题时，也可以通过乐高积木增进对他人想法的准确理解，从而提高讨论的质量。

第二个原因是"乐高认真玩"有助于不遗漏每一位讨论者的观点。

在"乐高认真玩"的研讨会上，每个人一定要对其他参会者制作的乐高积木模型进行评价。这就给全体人员提供了平等发言的机会，让人们能超越职务、头衔等立场，为会议创造了公平交换意见的环境。

要知道在大多数会议上，发言的人和不发言的人是明确分开的。有的人即使参加了会议，也可能在做别的工作，或者几乎没听进去会议的内容。所有人都自顾自地做事，很少能

100%平等地让所有人在会上发言。就算大家都知道听取全体参会者的想法很重要，但真正能付诸实践的人却寥寥无几。

倘若只有发声大的人才能占有话语权的话，其他的参会者就容易心生不满，导致很难调动全体人员提出意见。

"如果真的想从会议中有所收获，就需要让所有参会者的思想活跃起来。"

拉斯穆森这么说道。

战略制定就是确定判断标准

"乐高认真玩"的终极目的之一，就是让所有成员都能参与进来，并找出组织最宝贵的价值。反复进行"乐高认真玩"的四个步骤，并逐渐提高提问的质量，只有经过这么一番流程，才能最终找到自己心中的判断标准和决策轴心。

而明确判断标准有助于我们在工作和人生中，当面临重要决断时可以少一些迷茫。清楚知道自己该做什么，不该做什么。判断的速度也会因此大幅提高。"乐高认真玩"中，此称为"本质判断标准"（Simple Guiding Principle）；即自己最看重的价值标准。

探索这个判断标准的流程，还可以直接应用于制定公司战略的过程中。

"因为战略归根结底，就是企业做出决策时的判断标准。"

拉斯穆森说道。

例如，某企业需要决定是否继续开展某项业务时。

最终的判断应该立足于自己的价值标准。假设企业的价值观是"为可持续发展的社会做出贡献"，那么就要思考所做的业务是否符合自家企业的价值观。这时候，如果公司有着明确的价值标准，就不会在决策上犹豫不决，倘若价值标准模糊不清，则容易在判断上产生动摇。

尽管发现企业价值观是一个难解的课题，不过通过使用"乐高认真玩"，企业就能在反复组装积木的过程中找到想要的答案。

重要的是，企业战略是和个人价值观联系在一起的。拉斯穆森表示："战略应该是管理层们决策的判断基准。就算拥有再好的战略，如果高层们没有真心认同这些标准，也会导致企业在决策经营上迷失方向。"无论由多么优秀的顾问制定的战略，如果企业的管理层不认可，战略也会行不通。

当然，就算有"乐高认真玩"进行辅助，确定高级战略的过程也会十分艰难。可越是难以达成共识，就越需要全体成员理解并参与讨论。

在一次次用乐高积木做模型的同时，找出真正重要的价值，这一过程既快乐又痛苦，在乐高公司被称为"苦乐"（Hard Fun）。

"越是处于'苦乐'的情况下，人就会变得越专注，也越容易产生成果。'乐高认真玩'就擅长创造这种状态。"

拉斯穆森说道。

> **乐高传**
> 在危机中涅槃

答案已在自己心中

拉斯穆森也是深受第 6 章中提到的，美国麻省理工学院媒体实验室教授西摩·帕珀特影响的人之一。

拉斯穆森表示："手的触觉就像是身体的搜索引擎。如同在谷歌的搜索窗口输入关键词就能得到结果一样，只要动动手组装积木，人就会从中检索到自己的记忆，提取出各种各样的想法。"

帕珀特的构造主义思想，在"乐高认真玩"中也有所体现。

而这样的能力，正是人工智能时代下人类所需要的力量。

"在动手探索想法的过程中，我们会发现，自己明明懂得很多，却常常忽略了这些必要的知识。其中的大部分其实早已储存在我们的大脑里。"

"乐高认真玩"是一种挖掘大脑深层知识，开发人类智能的手段。许多课题的答案早已存在于人们的大脑里。因此，拉斯穆森提出并确立了解放和激发创造力与知识的方法论。

现实世界的商业并不是游戏，不过我们可以在"乐高认真玩"中再现商业场景。这也是"乐高认真玩"的名字由来。"我们常常决定并执行战略，失败后才发现计划是错误的。与其重蹈覆辙，倒不如先在乐高公司创造一个模拟的商业模式，通过模拟商业模式的游戏避免在现实中遭遇重大损失。尽情游戏后，就可以写出初步的商业策划了。"

拉斯穆森说道。

第 7 章　为企业制定战略的乐高公司，经营危机中催生的"乐高认真玩"

危机中催生的"乐高认真玩"

"乐高认真玩"本是为了找到避免乐高公司经营危机的方法而开发出来的。

20 世纪 90 年代，在专利到期和电子游戏兴起的环境变化下，乐高公司第三代创始人克伊尔德·柯克·克里斯蒂安森启动了一个项目，将乐高用于制定企业战略和决策。

而这次与乐高公司合作开发的对象是获得工商管理硕士的瑞士商学院洛桑管理学院的教授团队。

尽管合作研发的阵容如此豪华，但研发到组装物理模型之后，就没有什么进展了。这也使得将乐高积木应用于企业战略的想法，在那段时间里始终未能成形。

别无他法的克伊尔德·柯克最终聘请了拉斯穆森来解决这一问题。

当时，正值拉斯穆森在 LEGO Dacta 开发乐高积木的儿童教材。拉斯穆森曾当过教师，听闻此事后，他对开发前所未有的成人教材表现出了浓厚的兴趣。

为了专注于该项目，拉斯穆森搬到了美国。在那里，他遇到了麻省理工学院教授帕珀特，并深受其构造主义思想的影响。

拉斯穆森将开发方案展示给帕珀特看，并重新认识到边动手边思考的重要性。经过反复试验后，确立了"乐高认真玩"方法论的雏形。

用乐高积木制造（组装）、说明、共享、重新评价。

通过反复进行这四个步骤，可以让每个人都将自己心中的想法和理念逐渐成形。此后，拉斯穆森借助包括帕珀特在内的多方力量，巩固了"乐高认真玩"的概念。

经过各种艰难困苦后，拉斯穆森终于在2001年完成了该项目，然而也随之面临着一个重大的挑战。

那就是，需要培养出能够灵活运用"乐高认真玩"的导师。

因为导师的能力决定着"乐高认真玩"研讨会的质量。可是培养优秀的导师又需要相应的时间和精力。

因此在一开始，"乐高认真玩"并没有被看好，也一直没得到推广。因为不能马上培养出来了解项目并负责推广的人才，所以"乐高认真玩"未能一下子普及开来。

由于难以推广，项目甚至多次面临下架的危机。

但最终在2010年，乐高公司决定将"乐高认真玩"改为授权制。在此之前，"乐高认真玩"的游戏流程只允许乐高公司认证的导师来负责推进，后改为授权乐高认证的社区运营的商业模式。

即乐高公司提供"乐高认真玩"所需的积木，并将训练内容和推广方式授权给认可的社区。

决策出来后，拉斯穆森成立了一个社区，该社区以乐高公司专业培养的导师为师资力量，且运营有"乐高认真玩"研讨会。2014年，拉斯穆森等人成立了"大师培训协会"，完善

第 7 章　为企业制定战略的乐高公司，经营危机中催生的"乐高认真玩"

了导师培养机制。

目前全球有约 14 名培训大师，经过他们的培训后，就能获得"乐高认真玩"认证的导师资格。成为认证导师后，可以自行举办研讨会等活动，将"乐高认真玩"推广至社会。

据悉，全球"乐高认真玩"的认证导师已达 4 000 人以上。2004 年，拉斯穆森离开乐高公司，现作为"乐高认真玩"导师培训班的主席，致力于相关人才的培养工作。

通过动手、组装积木的"乐高认真玩"来强化员工创造性思维的企业也在逐年增多。

美国高盛、宝洁、辉瑞、谷歌……

如今各大知名企业和组织，都在开展"乐高认真玩"活动。很多企业希望借此更深入地挖掘和激发员工的意愿和想法，该项目也渐渐地在企业圈中普及起来。

2008 年，罗伯特·拉斯穆森及合伙人在日本成立公司。代表莲沼孝表示："'乐高认真玩'很受日本人的欢迎，有许多企业对此很感兴趣。"

"乐高认真玩"虽并没有挽救乐高公司的实体经营危机，然而由此产生的方法，作为新时代解放人类能力的工具，给世界上的许多知名企业注入了活力。

原是儿童玩具的乐高积木，不仅将目标客户扩大到了成人，还给自身附加了价值，从原来的玩具转变成玩具和教材等多用途工具。

尽管有了一系列的变化，但乐高公司贯彻的"相信人类潜力"的本质态度却始终未变。

在未来的人工智能时代下，人类的优势还能持续到什么程度呢？虽然我们不得而知，但是人类要想继续进化，创造性思维是必不可少的能力。乐高积木作为激发该能力的工具，势必还会发挥着巨大的作用。

采访 | 罗伯特·拉斯穆森（"乐高认真玩"大师培训协会联合代表）：乐高积木解放大人的创造力

罗伯特·拉斯穆森于1946年出生于丹麦。曾任学校教师、校长，后进入乐高公司教育部门工作。1988年到2003年，

第 7 章　为企业制定战略的乐高公司，经营危机中催生的"乐高认真玩"

任乐高公司研发部门的总负责人，创作了很多乐高教材。以"构造主义"教育理论为基础，与大学等共同开发了面向社会人士的"乐高认真玩"教育项目。现在致力于培养"乐高认真玩"的下一代培训师和导师。

——为什么"乐高认真玩"会受到企业的关注呢？

"其一，通过使用乐高积木，团队拥有了共同的语言。团队建设需要的是互相理解和明确想法。但是，对于领导力、理念等很多抽象概念的理解会因人而异。在'乐高认真玩'中，使用乐高积木就可以将这种差异语言化，从而让团队里的成员们能了解其他人的想法。这种将心中所想通过乐高模型来转换成共同的语言，领会全体成员不同想法的游戏方式，有助于团队在统一表达形式的基础上推进讨论。"

"实际上，想要通过每天的会议听取所有人的意见，几乎是不可能的。大多数情况下，发言的人和不发言的人是明确分开的。我把这称为'20/80 会议'，有发言权的两成左右的参会者，往往占用了整场会议的八成时间。但是，如果仅是由大嗓门的人发声，那么会议的价值就会减半。从这个意义上来说，加入能够调动全体参会者的元素是非常重要的。"

"体验过'乐高认真玩'的游戏后，大家会惊喜地发现，即使是一些很难的课题，也能通过游戏展开比想象中更有实际意义的讨论。所有人都参与其中，通过脑和手来倾注自己的全部想法，由此得出课题的解决方案，这种感觉就像回到了孩童时期般令人愉快。"

"团队建设不过是体现'乐高认真玩'作用的一个例子，该游戏除能活跃组织，有益于团队建设外，还能帮助企业制定战略，探索企业核心价值等。"

"这些工作的最终目的都是一样的，就是找出作为判断基础的价值观。无论是企业决策，还是个人的人生选择，总要有明确的判断标准，才能做出决断。这个标准在'乐高认真玩'中被称为'本质判断标准'，即我们需要发现并确认这个价值观的标准。"

——通过动手玩乐高积木就能看到判断标准吗？

"手是一个比我们想象中重要的器官。通过动手制作乐高积木，大脑中沉睡的知识就会被提取出来。就像在搜索引擎中输入关键词便会输出结果一样，动手组装积木可以将提问作为关键词输入大脑中，从而提取出自己心中的想法。"

"很多人试着动手后会惊讶地发现：'原来自己知道很多东西，却没有意识到这一点'。我们大部分的知识其实都储存到了大脑里。从这个意义上说，'乐高认真玩'有助于人们提取自己大脑中的深层知识，挖掘出人的智慧。"

第 7 章　为企业制定战略的乐高公司，经营危机中催生的"乐高认真玩"

——也就是说不仅仅是组装积木那么简单。

"无论是儿童玩具还是'乐高认真玩'，两者在使用乐高积木组装这种行为上，本身并没有区别，只是他们的组装对象不同。儿童玩乐高积木，主要组装对象是鸭子、桥梁等现实社会的具体模型，而成人组装的对象则是想象、意识和无形的概念。"

"要用乐高积木来表达自己的价值和理念，组装者一开始确实有些无从下手。但是一旦习惯了先动手后思考的感觉，就能开始动手组装。通过反复不断地进行这项工作，脑中的想法就可以一个接一个地体现在乐高积木的模型里。"

——您怎么理解答案就在自己心中的呢？

"创造力不是培养出来的，而是解放出来的。只要意识到这一点，对世界的看法就会发生很大的变化。正如'乐高认真玩'这个名字一般，认真地玩是非常重要的行为。然而，现实世界的商业是玩不起来的。很多企业一般都是通过讨论来制定战略，在遇到一些现实问题时，又不得不为此修改计划。而在乐高积木的世界里，我们可以自由地制定战略、确定价值标准。在'乐高认真玩'里可以边游戏边认真地策划，经过一番验证后再到现实中制订计划就可以了。"

"当然，要想通过乐高积木进行谋划，就离不开有能力的导师。'乐高认真玩'的成功与否，还要看导师提出的问题是否一针见血。所以当下，乐高公司需要培养出能灵活运用'乐高认真玩'的导师，这也是我的一个重要工作。"

——人工智能时代下，人类的价值正备受质疑。

"我不知道人工智能能在多大程度上代替人类的工作。但是人类的价值是什么这个问题，今后想必会日益受到人们的关注。我也不知道答案是什么，不过，能深度挖掘人类智能的'乐高认真玩'的需求估计会因此水涨船高。"

"现实世界的问题并不止一个正确答案。不仅如此，现实中很多人都不知道什么是问题。提出问题然后仔细思考是当下很多人都在追求的能力。而且，就像组装鸭子的例子，有多少人就有多少的提问和答案。正是这种多样性，才有了人类价值。从这点来看，乐高积木既是一个很棒的玩具，也是引导和发掘人类多样思维和想法的工具。即使对于成年人来说，乐高积木的价值也不会改变。"

乐高集团母公司参股的英国利物浦郊外的巨型风电场"博波海上风电场"[①]

第 8 章

不断思考公司存在的意义是可持续经营的真谛

---

① 该图片已获得乐高公司授权，应版权方要求，在此标注。——编者注

从英国中西部港口城市利物浦市中心向北出发，乘着电车摇摇晃晃约 20 分钟后，穿过安静的住宅区，便来到了一个海岸边，映入眼帘的是一排排巨大的风车。

这片延伸至 7 公里外的近海岸上，有一个名为"博波海上风电场"（Burbo Bank Extension）的巨大海上风力发电站。直径 80 米的巨大涡轮机叶片，迎着近海的强风旋转着，每台涡轮机最大能产出 8 兆瓦的电力。

32 台风车每年的总发电量超过 7.59 亿千瓦。按英国普通家庭的年均电力消耗量计算，就相当于约 23 万户家庭的电力消耗量，因此，该风电场也成了英国最大的风力发电站。

投资风电场的目的

2016 年，乐高公司参股了博波海上风电场的项目。由乐高公司创始人家族经营的集团母公司 Kirkbi 出资 33 亿丹麦克朗（约 545 亿日元），持有该发电站总电力约 25% 的电力。

2012 年，乐高集团还入股了另一个风电项目。

在德国北海岸西北向约 57 公里的北海上，运转着博尔库姆岩盘海上风力发电场（Borkum Riffgrund），乐高公司为此项目出资了约 30 亿丹麦克朗（约 546 亿日元），持有该发电场总电力的 31.5% 的电力。

对两个风电场的投资，让乐高公司理论上拥有足够的 100% 可再生能源来满足整个集团的办公和工厂用电。

摆脱了经营危机，提高了乐高积木游戏和学习两大价值的乐高公司，在进入 2010 年后，开始强化长期发展的经营架构。"为了支持儿童的未来，实现可持续发展，就需要回应所有利益相关者的期望。"

第三代创始人克伊尔德·柯克·克里斯蒂安森这样说道。为了让公司能提升自身价值，他与时任首席执行官约恩·维格·克努德斯托普一同积极推进相关措施。

于是，公司内部就让企业真正走向国际化的条件这一课题进行了反复讨论，最终得出的结论是加快企业的可持续发展。为此，克努德斯托普决定着眼于"环境"和"价值"这两个方面，将之提升至国际企业的水平。

面对环境污染、贫困、能源等问题，企业该履行怎样的职责？日本经济界在近几年，也开始认识到了可持续发展和联合国的可持续发展目标的重要性。然而实际上，乐高公司早在十多年前，就已致力于这些活动。

加快投资可持续发展

2003 年，乐高公司作为一家玩具制造商首次在联合国全球契约上签名。表明企业将依据人权、劳工权利、环境和反腐败等十项原则，推进可持续发展工作。

在出资第一个风力发电站后的2013年，乐高公司与世界自然保护基金缔结了名为"拯救气候计划"的协议，确立了合作伙伴关系。与推进环境保护的世界组织合作，将以减轻地球环境负荷为目标的各种活动纳入全公司基本战略。

此外，乐高公司还第一时间加入2014年成立的国际企业倡议"RE100"，该倡议旨在促进企业利用可再生能源，为环境保护贡献一分力量。此活动吸引了300多家全球企业参与，包括瑞典宜家和瑞士雀巢，美国谷歌等。乐高公司还在2017年建立了新体制，规定业务活动中使用的电力需100%为可再生能源。

2020年9月，乐高公司表示将在三年内追加高达4亿美元（约452亿日元，按1美元=113日元换算）的投资，目的是加快自身在环保方面的工作。

具体来说，从2021年开始，乐高积木产品的包装袋，将用纸袋代替一次性塑料。到2025年，包括外盒在内的所有产品、包装、制造和流通过程中使用的一次性塑料都一并换成使用可再生材料。

到2032年，乐高公司计划在企业活动中，排放的二氧化碳比2020年减少37%。乐高公司在世界各地的生产基地和办公室，也将二氧化碳排放量的削减量作为重要的业绩评价指标，并每年发行一份报告，记录其成果。

乐高公司不断推出的环保对策，让雀巢、联合利华等环保工作表现优异的欧洲名企也对其刮目相看。然而，令人更惊讶的是，乐高公司在2015年宣布了一项雄心勃勃的计划。

摆脱塑料积木的决心

"从积木的原料中去除所有来自石油的成分。"

2015年6月，乐高公司宣布计划用可再生材料替代其核心产品积木的塑料原料。自1958年申请专利后，经过反复改良制成的乐高积木是由石油的ABS树脂制成的，其中，塑料成分占八成之多。为了实现企业环保的理念，乐高公司计划花费10亿丹麦克朗（约182亿日元）进行新材料的研发，力争到2030年实现材料的完全替代。

虽然乐高积木作为核心产品，但是乐高公司推出这么一项计划，充分表明了乐高公司在环保事业上的野心与果断。

积木是乐高公司唯一的基础产品。

它坚固耐用的质地、光泽和颜色，以及完美的触感等，都是经过长时间的磨合才研制出来的。也让粉丝们产生了对乐高积木品质的信赖，可以说积木是奠定乐高品牌的重要基础。

截至2017年，乐高公司每年生产的塑料积木就达到750亿块以上。多年来，塑料积木以优质的核心原料为后盾，一直深受人们的喜爱。然而此时的乐高公司却敢于走出舒适圈，谋求新的改变。

这一做法类似于靠单品经营的牛肉盖饭连锁店，改变了招牌牛肉盖饭的材料和配方的行为。熟悉的味道稍有变化，就容易让老食客弃之而去。

同理，如果积木的质量发生变化，乐高积木也很可能会失去孩子们的支持。毕竟，孩子们对质量的变化格外敏感。虽说应该重视环保，但如果企业的改变方式不当，将会对业务造成巨大影响。其潜藏的风险与开拓新业务是不可一概而论的。

前所未闻的工程

尽管如此，乐高公司还是决定要更换原料。

"现在我们已经不是丹麦的本地玩具制造商，而是国际化的制造商，所以我们有必要考虑产品的影响力。"

2015 年宣布这项计划时，担任首席执行官的克努德斯托普这样解释道。现任首席执行官尼尔斯·克里斯蒂安森也依然延续着这一理念。"要想把乐高公司的价值传递给全世界的孩子们，乐高公司还需要继续不断成长。可这样一来，就需要生产更多的积木，对环境的影响也会更大。"

如果不解决这个问题，即使乐高再怎么发展，也无法继续支撑孩子们的未来。

"所以我们需要在某个地方改变这种情况。"

尼尔斯说道。

当然，找到替代材料并不容易。

积木是乐高公司的竞争之本，要如何为这一核心产品找出能与 ABS 树脂相当的好材料是一个大难题。于是在 2015 年，乐高公司内部出现了一个前所未有的大型项目。

乐高公司在内部成立了专门的可再生材料开发组织，并招聘了 100 名专业研究人员。该项目的专业实验室"乐高可再生材料中心"也于 2019 年竣工。

除了组织内部的研究人员，公司还积极与外部专家合作推进研发工作。不间断地与非营利组织和政府交流，并不断收集和验证各种信息。

"乐高公司重复着大量的实验。这本身毫无疑问是一个宏大的挑战，但考虑到孩子们的未来，这么做又是有意义的。"

领导该项目的乐高公司环境责任副总裁蒂姆·布鲁克斯谈道。

由可再生材料制成的乐高植物

那么，乐高公司真的能找到可代替的材料吗？

起初也有不少人抱有怀疑的态度，但布鲁克斯的团队在计划公布三年后的 2018 年，就早早地公布了团队最初的研发成果。

其成果便是团队研发出了由植物制成的可再生材料。乐高公司表示将把原来由塑料制成的树木、森林等约 25 种植物状零件的制作材料换成源自甘蔗的聚乙烯植物基塑料。

"这是我们从 200 多种材料中精挑细选出来的。无论是外观、光泽度还是组装时的触感,都很难与传统的 ABS 树脂区分开来。"

将塑料原料替换为植物性材料的乐高积木植物元素[1]

布鲁克斯说道。事实上,如果没有提前意识到这是由甘蔗制成的材料,真的很难辨别出两者的不同。现在,这种材料也被广泛应用于其他大众产品中。

不过,这些材料的运用仅在乐高公司生产的所有积木中

---

[1] 该图片已获得乐高公司授权,应版权方要求,在此标注。——编者注

占约 2%，真正的新材料还有待继续发掘。

2021 年 6 月，公司又发布了一款乐高积木，该产品由废旧塑料瓶回收利用而成。采用的是废弃塑料瓶中的聚对苯二甲酸乙二醇酯（PET）成分。

平均 1 升的塑料瓶可以制得 10 块 2×4 大小的乐高积木所需的原材料。因此，塑料瓶也成为替代材料的候选之一，但是公司决定是否开始试制生产，还需要花上一年的时间进行验证。

用不同的材料试制积木，反复进行数千次组装试验。在众多乐高公司内部项目中，研究替代材料无疑是最难攻克的项目之一。即便如此，布鲁克斯等人也没有因此而灰心丧气。

"尽管找出适合的替代材料并非易事，但这种试错对我们来说，也是一种边玩边学的过程。研究过程本身就体现了乐高为社会提供的价值。"布鲁克斯表示。

找到能让人察觉不到材质变化的替代材料，在不增加环境负荷的情况下，持续为儿童提供积木玩具是乐高公司的理想。为了这份理想，乐高公司会继续推进这项研究。

统一公司的发展目标

在应对环境问题的同时，乐高公司为提升公司价值所做的努力，正是在明确公司的存在意义。

经历2000年至2005年的经营危机后，乐高公司重新恢复了往日的活力，时任首席执行官克努德斯托普逐渐认识到，不断向员工传达乐高公司理念和价值的重要性。

一般来说，一个组织的规模发展得越大，理念就越难传递到公司基层。显然，乐高公司的危机已经过去了一段时间，如果越来越多的员工不了解乐高公司摆脱危机的往事，乐高公司重新定义的，并深入员工心中的理念就会慢慢形同虚设。

此外，持续性发展离不开优秀的人才储备。要想在全球发展，吸引人才，就需要更加明确地提出公司的目标和价值。

"为了带领拥有多种国籍和不同价值观的员工，乐高公司需要一个统一的标准，以便指明公司的发展方向。"

在经历了经营危机后，克努德斯托普在重新定义的公司愿景，即"通过游戏向全世界推广学习经验"（A global force for Learning through Play）和"给予灵感，孕育未来的建造者"（Inspire and develop the builders of tomorrow），在此基础之上，乐高于2008年又制定了一个新的行为准则，称为"承诺（Promise）"。

具体来说，其所说的承诺包括"玩"（Play）、"人"（People）、"环境"（Planet）、"合作伙伴"（Partner）这四个领域，表示乐高公司职员应该抱有的基本态度。

例如，"玩"指推广组装的喜悦；"人"是以与全体员工一同取得成果为目标；"环境"是指给地球带来积极的影响；而

"合作伙伴"则是指让客户认识到乐高公司的价值。

所谓承诺的关键就在于,这四点并不是随便说说,而是需要所有人都真正做到。

员工能承诺到什么程度,都会反映到人事评估上。例如,无论贡献了多少业绩,如果不能满足"推广组装的喜悦""与全体员工一同取得成果""为给地球带来积极的影响""让客户认识到乐高公司的价值"等几个要素,就不能得到满分的评价。

除了员工,高管的薪酬也要通过这一承诺的完成程度来衡量。高管的薪酬结构中这四项各占25%。也就是说,单单努力完成任何一项都不行,必须做到平衡,并完成每一项任务。

克努德斯托普整理的乐高公司使命、愿景和承诺在此后也进行了改进,形成了包含价值、创意和其他各要素的"乐高公司品牌架构"。架构内容具体定义如下:

• 信念(Belief):孩子是我们的榜样(Children are our role models)。

• 使命(Mission):给予灵感,孕育未来的建造者(Inspire and develop the builders of tomorrow)。

• 愿景(Vision):通过游戏向全世界推广学习经验(A global force for Learning through Play)。

• 价值(Value):想象力(Imagination)、乐趣(Fun)、

创造力（Creativity）、关怀（Caring）、学习（Learning）、质量（Quality）。

•**承诺（Promise）**：玩（Play Promise）、人（People Promise）、合作伙伴（Partner Promise）、环境（Planet Promise）。

•**精神（Spirit）**：只有最好的才足够好（Only the best is good enough）。

乐高公司根据这一架构，确立了提高公司价值的统一标准。

"只有明确公司的存在意义，知道公司重视什么价值，才能让员工们理解自家公司的文化和公司想要什么样的人才。"

2012年至2017年担任乐高公司首席财务官的约翰·古德温谈道。通过清晰的语言将乐高公司的价值与所有员工共享后，乐高公司想要的人才形象也就变得了然起来。

使公司职员享有自主权

明确了公司的目标方针后，乐高公司通过各种制度将之体现出来。其中，乐高公司尤为注重提高员工的工作价值。

"要吸引优秀的人才，就需要打造有吸引力的工作环境。"首席执行官尼尔斯·克里斯蒂安森谈道。

有这么一个例子，2021年乐高公司新总部在丹麦比隆落成。曾经分散的办公室，如今均汇集在面积达5.4万平方米的地皮上建起的多个大楼内。除了办公用地，总部还建设了可以住宿的福利设施等,大约有 2 000 名员工就在此工作。在玩具制造商特有的欢乐氛围下,内部到处都有提高员工工作积极性的设施。

在设计新办公室的时候,乐高公司最重视的是"自主权"这个关键词。

自主权是指每一个员工都要主动地对自己的工作负责和自由支配。乐高公司认为,设计一个能为自律的员工们提供聚集、合作、相互认可的场所,以及支撑这一场所的制度,是创造价值的基石。

尼尔斯表示:"拥有自主权的工作方式能提高职员的工作积极性和满意度。"

乐高公司为了实现这一目标,在新办公室里引入了灵活办公的工作方式。员工可以根据自己的业务和活动,自主选择办公区域。

例如,除常见的办公桌式办公空间外,乐高公司还为想要独立专心作业的人提供了隔音的单间。根据不同的工作方式和目的,为员工们提供最舒适的工作环境,比如配备了休闲接洽的沙发,供演示使用的大会议室等。

在新办公楼建成之前,乐高公司总部为每位员工分配了固定的座位。员工虽然有时会因会议等原因离开工位,但基本上只会在特定的地方工作,不会在办公室内走动。

"如果把在哪个地方工作的选择权交给员工,就能让他们在工作上变得更加积极主动。"

设计新办公方式的成员之一、乐高公司员工安奈凯·贝尔肯斯这样说道。这么做的目的是让员工们可以根据工作的内容和心情来选择办公场所，通过改变环境来提高工作动力，让员工能表现得更好。

缺失归属感的挑战

但是，灵活办公方式也存在一个问题。那就是员工会变得缺乏归属感。

在探讨引进这一工作方式的调查中，很多人表示，这种方式让员工一方面感受到了自主和自由，另一方面又感觉自己少了些企业归属感。

因为这会让员工们缺乏"这块办公地是我的归宿"的感觉，容易造成员工的不安。上司和下属不能经常在公司碰面，不禁让人自我怀疑"我了解自己的下属吗""上司知道我干了什么工作吗"等。长此以往，可能会影响员工的业务表现。

在乐高公司新办公室工作的员工约有 2 000 人的情况下，倘若不采取任何措施就直接引进灵活办公的工作方式，员工们缺乏归属感的意识就可能会成为一个大问题。

在丹麦总部工作的人是处在不同年龄层、处于不同环境、有着不同背景的。除了年轻员工，还有不少年龄层较高的人长期在乐高公司工作。如果某天他们突然被要求失去固定的办公座位，实行灵活办公的工作方式，就容易造成公司内部的混乱。

创建社区

那么，怎样才能提高员工的归属感呢？乐高公司目前正在尝试以下两种措施。

一种措施是建立"邻里关系"的结构。也就是在办公空间内，按员工的所属团队工作的区域灵活地分配办公地。例如，"规定营业部门在某个楼层的某个区域，然后跟员工指明'市场部在这里'，以此向每个员工推荐他们的工作区域"。

由此，乐高公司的员工们既可以自主选择办公的地方，但同时通过这种宽松规定部门办公区的方式，又消除了他们因没有固定办公地而引起的不安。

另一种措施是建立社区。为了保护员工们的归属感，乐高公司提供了第三个空间，让有共同兴趣爱好的员工们能聚在一起。

其中的代表性建筑就是"人民之家"大楼。这是为乐高公司员工们增进互相交流而打造的建筑，里面除了有办活动的空间、健身房等，还配有完善的员工住宿设施。

这里常驻有专门的社区经理，经常为员工们策划相关的交流活动。员工也可以自主参与活动，或是自己主办活动。

"要想解放人类的创造力，就必须有令人安心的人际关系。这就需要有一个让人有归属感的社区。"

办公室项目成员之一蒂莫西·阿伦巴赫这样说道。

尽管采取这些措施的效果很难定量衡量，但这些措施确实会在很大程度上影响员工们的积极性。在保证员工自律的同时，乐高公司还需要不断地完善这一机制，让员工们可以安心地认为"这是我的归宿"。

不过，世事无常。受到新冠肺炎疫情蔓延的影响，员工们的工作方式发生了翻天覆地的变化。面对这一大变，许多世界级企业都在努力探索着疫情后的工作方式，乐高公司也不例外，如今也采取了让员工自由选择居家办公或上班的方式。CFO耶斯佩·安德森表示："除非是需要进行一些具有创造性的对话，我们现在基本上都居家办公。乐高公司也希望根据项目内容和情况，灵活地为员工们增加工作方式的选择。"

但是关于最终的办公方式，乐高公司还未有定论。因为随着往后居家办公的时间变长，估计又会有许多员工想要追求归属感。

反复传播公司价值

乐高公司认为，拥有自主权的工作方式落实与否，关键在于公司的价值能否渗透到每一位员工的身上。

乐高公司是为了什么而存在的？

为此，乐高公司将会有什么样的变化？

尼尔斯认为，领导的职责就是向员工传播公司的理念：

"领导要做的并不是对员工的工作进行一一指示，而是要依据公司的价值，引导员工工作的大方向。"

就算没有这场新冠肺炎疫情，我们所处的环境总是不断变化的。要使员工即使遭遇不可预测的事态，也能灵活、自律地行动，就不能用规则来约束他们，而需要用公司价值将他们组织团结起来。

"乐高公司存在的意义就是为孩子和他们的成长做贡献。一切活动以孩子们为本。"

乐高公司的高层通过反复且明确地说出乐高公司的价值，使得公司理念逐渐深入员工的心中。"很多人在乐高公司工作了这么多年，切身地了解乐高公司是一家怎样的企业。把这笔财富传承给下一代，是我的重要职责。"

尼尔斯·克里斯蒂安森说道。

当然，乐高公司在传播企业价值的工作上若稍有懈怠，那么自身的企业文化就会很快褪色，员工也会随之离去。过去的经营危机就是一大教训。

通过语言、职场、制度来不断传播企业价值，是一项需要长期努力的工作。

"员工早上起来，会否发自内心地想着今天也要努力工作吗，如果员工理解了公司的存在意义，在工作上又拥有自主权，那么大部分员工就能肯定地回答'要'。而这就是乐高公司理想的状态。"

尼尔斯说道。

乐高公司的高层也将继续通过公司明确自身的工作价值，并不懈地将公司理念传达给员工们。

这也是目标驱动型公司（Purpose Driven Company）立足于世界竞争之林的条件。

2017年，在乐高创业基地开业的体验式设施"乐高之家"

第 9 章

危机再袭，无止境地试错

2017 年 9 月 28 日。这一天，乐高公司的创业基地丹麦比隆洋溢着与往日不同的气氛。

位于市中心的旧市政府厅前的广场上，一早便陆续聚集了许多人，其中上午的人数甚至多达数百人。广场上挤满了带孩子的父母、情侣、老夫妻等，呈现出一片如节日狂欢的景象。

来自各地的人们聚集在此，只有一个目的，那就是见证新建筑的亮相。

被命名为"乐高之家"的设施是乐高公司竣工的最新地标。其以"积木的故乡"为理念，打造了各种可以体验乐高积木的场所，体现了集团长久以来培育的边玩边学的哲学。

从高处眺望由白色的水泥墙和大玻璃窗组成的建筑，就形似由好几块乐高积木堆砌而成的作品。

每一块"积木"的表面被分别涂成红、蓝、黄等颜色，从而突出了乐高积木的形象色和可玩性。该建筑是由丹麦著名建筑师比亚克·英格尔斯带领的比亚克·英格尔斯集团团队设计的，该集团曾负责美国谷歌母公司字母表的新总部大楼等建筑的设计。

当天，建筑的周围好不热闹。下午 1 时许，在乐高之家的特设会场正式启动了建筑的落成仪式。

第 9 章　危机再袭，无止境地试错

儿童的新天堂

"今天，我终于实现了为孩子们打造新财富（中心地）的愿望。"

乐高公司第三代掌门人克伊尔德·柯克·克里斯蒂安森在开场中致辞。

"随着乐高之家的落成，乐高公司的历史又增添了新的一页。"

克伊尔德·柯克郑重致谢，并感慨万千道。因为乐高之家是他酝酿已久的构想。

"乐高之家是一个可以亲身体验并理解乐高边玩边学哲学的地方。"

近百年来，乐高公司一直致力于积木的开发工作，并发现了孩子们可以从组装和玩耍的行为中习得更多的能力。克伊尔德·柯克表示："创造力、认知力、社会交往力，这些都是培养创造性思维不可或缺的能力。"

而乐高之家就配备了相关的设施，可将这些能力集合成四种技能，通过乐高积木游戏，使人能具体感受并激发出来。

比如，馆内被称为"蓝色地带"的区域，就备有巨大的跳台和乐高积木，可以提高人的认知力。

孩子们在这个区域可以从巨大的跳台跳向远处，这一区域还会有一个挑战，就是让孩子们用乐高积木设计、组装汽车，想办法使汽车能跳得更远。为此，孩子们就需要思考汽车该用四个轮胎好还是两个轮胎好？如何保持汽车的坚固性，使其落地不坏？由此让孩子们能逐渐了解空间认知和物理规律。

在以创造力为理念的名为"红色地带"的区域里，大量的积木铺满在内，犹如一片乐高积木海洋，在这一地带，孩子们可以埋头创作属于自己的作品。因为"红色地带"会定期举办动物、机器人制作等各种主题活动，所以孩子们在此可以自由装饰和展示自己的作品。

"从玩积木的体验中，孩子们无意识地学到了许多东西。而无论是哪种技能，对他们来说都是今后步入社会所必要的能力。"

克伊尔德·柯克自豪地说道。

参加仪式的相关人员，光来宾就有上百人。除了丹麦大型公司的高管、教育工作者和政治家，还有丹麦王室王储弗雷德里克夫妇的身影，他们的四个孩子都是乐高积木的忠实粉丝。

乐高公司高层和嘉宾致辞结束后，面向市民的乐高之家亮相活动终于开始了。焦急等待的当地及附近居民们，像开闸的洪水般涌向这个崭新的建筑。

"新地标的落成，有助于推动比隆的发展。"

比隆市的人们也为新设施的建成感到十分高兴。

傍晚，纪念仪式顺利结束，克伊尔德·柯克的脸上露出了满意的神情。

然而，参会的乐高公司高管此时的心情是如何也无法平静下来。因为在这场欢闹的舞台背后，乐高公司内部遭遇了剧烈的动荡。

13年来首次遭遇减收减利的冲击

风波的起因是在乐高之家亮相仪式举行的大约三周前。2017年9月5日，乐高公司发布了2017年6月的中期财报。

"我们不得不报告一个令人遗憾的结果。"

上午10点刚过，发布会刚开始，从2017年1月开始担任乐高集团总裁的约恩·维格·克努德斯托普这样说道。

不是上市公司的乐高公司本来就没有义务对媒体公布公司财报。但是，现在作为全球最大的玩具制造商家，业绩甚至超过了美国美泰和孩之宝的乐高，在业界具有很大的影响力。所以乐高公司一直以来坚持半年发布一次财报。

此前的发布会都是由克努德斯托普进行开场的。以往他都会说："今年乐高公司又取得了出色的成果。"

乐高公司的业绩，从2004年12月度过了上次的经营危机开始，已连续13年不断更新增收增益的纪录。

尤其是2009年至2013年，公司营收年均增长率超过20%，业绩在玩具行业也十分突出。而那段时间里的乐高公司只经营单一的积木产品，考虑到这一点，能连续5年以20%的速度增长真是相当惊人的成绩。也因此，乐高公司曾引发社会的巨大关注，关注的人甚至超出了玩具制造商的范畴。

然而这次的发表从一开始就跟过去不一样。克努德斯托普用颤抖的声音，郑重地宣读了此次的中期财报。

"2017年6月的销售额比前期减少了5%，约为149亿丹麦克朗（约2 488亿日元），营业利润比前期减少了6%，为44亿丹麦克朗（约734亿日元）。非常遗憾，此次乐高公司以减收减利的结果告终。"

尽管这不过是乐高公司的中期财报，但也明显反映了13年来乐高公司的首次减收减益。

随后各大媒体争相提问，也侧面反映了此次财报对行业的冲击之大。这次的财报不仅让乐高公司中断了以往不断更新的良好业绩纪录，更让记者们吃惊的是，乐高公司并不是放缓了增收增益的速度，而是突然跌落到了减收减益的地步。

的确，2016年12月份的销售额同比增加了5.1%，营业利润也比前期增加了1.7%。尽管增收增益的速度有所下降，但谁也没想到，乐高公司居然会直接陷入减收减益的境地。

记者们的提问都只集中在一个方面，那就是"为什么？"

发展过程中产生的问题

"说白了，就是组织出现问题了。因为人多了，组织变大了，问题也会变得明显。公司决策需要更多的时间，也不能准确地投放孩子们喜欢的商品。"

克努德斯托普谨慎地回答着记者们的提问。

乐高集团在这十年里，一直保持着迅猛的增长态势：营业额增加了约5倍，营业利润增加了约9倍。

管理层为了建立与这一增长相匹配的体制，迅速地扩大了组织的规模。乐高公司除了在比隆总部，还在伦敦、新加坡和上海开设了地区战略据点，一鼓作气地推进公司的全球化发展。

为了能够满足不断增长的积木需求，公司还扩大产能。为此，乐高公司在比隆、墨西哥、捷克和匈牙利，以及中国嘉兴市开设了新的积木工厂。还加强了全球配送网，完善了将产品高效、准确地送到世界各地市场的体制。乐高公司的员工数量由2012年的约1万增长到了2017年的1.8万左右。

按理说，投资了这么多，相应的回报应该也不错。

然而，结果却恰恰相反。

"需求没有预想中那么高，导致商品供过于求"，这就是克努德斯托普所说的乐高公司经营衰退的真正原因。

同时，组织的快速扩张，也对乐高公司内部的决策带来了各种副作用。员工人数急剧增加，组织层次化导致类似的职能部门和职位林立。内部沟通混乱不已，没有固定的负责人给决策带来了障碍。

包括研究、产品开发、市场推广，所有流程变得烦琐复杂，无论做什么都耗费大量的时间。

"复杂的流程，导致高管和作为乐高公司服务对象的儿童，两者之间的距离变得更远。"

一位乐高公司员工说道。

此时的乐高公司就像 21 世纪之初刚从危机中走出来那般，很难找出市场需求，并在合适的时机推出产品，其经营体制开始对整个组织的产品开发产生了负面影响。组织的急剧扩张也使经营负责人等很难看出问题的根源。

"比起专注于了解孩子们的需求和想法，那时的乐高公司其实更应该花多些时间调整公司内部。"

另一位乐高公司员工回忆道。

当时的情况也让一些员工因不满无法发挥创造力而离开了乐高公司。

就像是一朝回到革命前的感觉。

如果这样放任事态发展下去，乐高公司很可能会失去竞争力。如此一来，公司将会再次面临经营危机。

"这次减收减利就是一个兆头。我们需要严肃地对待这个事实。"

克努德斯托普说道。

此时的乐高公司，似乎加了太多油，导致其偏离了本应该前进的成长正轨。所以乐高公司在此情况下需要做的是暂停前进，修正轨道。

"我们需要按一次重置按钮。"

克努德斯托普谈到，这也表明了乐高公司将进行业务重整。

为此，乐高公司首先在 2017 年裁员 1 400 人，这约占全体员工的 8%。接着开始精简公司部门，进行职责整合，并着手重新组建组织。"很遗憾，我们不得不让一些人离开公司。但对于一直以来为乐高公司做出贡献的员工们，我们会坚持负责到底。也希望大家能理解，这是为了乐高公司在未来能继续发展下去的必要措施。"

同时，克努德斯托普又声明乐高公司并没有陷入经营危机。

"希望各位能将这次的业务重整理解为：为了避免重蹈 21 世纪初的覆辙，而尽早采取的措施。"

克努德斯托普多次强调这一点后，才结束了这场发布会。

歌颂乐高公司的时代已经结束了

然而，很少有媒体真的按照字面意思理解这句话。当天下午，英美各大媒体就开始大肆渲染乐高公司的中期财报，各种报道称乐高公司再次陷入了危机。

比如，"乐高公司将裁减 1 400 人以应对数字时代的挑战"（美国华尔街日报），"乐高结束了连续 10 多年的增收纪录"（英国金融时报），"减收减利，数字逆风下的乐高"（美国消费者新闻与商业频道），"乐高公司因利润下滑裁员 1 400 人，靠大片合作也无济于事"（美国纽约时报）。

作为一家非上市公司，能让许多大媒体争相为其报道，这一情况实属罕见。然而，多数人并不认为这次乐高公司的情况是由克努德斯托普所说的组织问题引起的。随着智能手机和平板电脑的普及，这些新产品再次夺走了孩子们的可支配时间。这与 20 年前因电子游戏的兴起导致乐高陷入危机的情况相吻合。

痛斥乐高公司经营的英国金融时报就表示："现在不应该再为乐高公司点赞了，他的荣耀已成为过去。尽管此前，乐高公司的成功在无数商学院的教学案例中都有所提及，也有图书专门歌颂乐高公司的成功。可是现在是时候控制这些过高的赞誉了。"

金融时报还在此基础上，严厉地指出："乐高公司应该意识到自己的成长神话已经结束。"

新任首席执行官在 8 个月后卸任

的确，这是一个预兆。

在此次乐高的财报发布会上，克努德斯托普的登台本身就很罕见。因为他已于 2016 年 12 月卸任首席执行官一职。2017 年 1 月起，曾任首席运营官的巴利·帕达，升任为新的首席执行官。

然而，帕达在八个月后却突然卸任。

对外只是声称由于个人原因而离任，但是具体情况外界则不得而知，所以也导致各种猜测不断。之后，乐高公司的首席执行官一职一直处于空缺状态，直至 2017 年 10 月，新的继任者上任，此前的一段时间里，一直由克努德斯托普代为管理。这似乎又回到当初。

讴歌乐高公司发展的时代已经结束，接下来公司或许会再次朝着下坡路上滚滚而下。高层的人事动荡也让乐高公司的员工们不由得想起了曾经的那场噩梦。

深谙大企业运作之道的人物

尽管前路坎坷，克努德斯托普等高层还是很快做出了决断。他们在幕后急忙地寻找合适的人选，以重新规划乐高公司的经营。

"现在，我们需要的是一位善于组织建设的领导者，能够带领乐高公司走向全球化。我相信一定会找到合适的人选。"

克努德斯托普相信乐高公司不会覆车继轨，并表示继任首席执行官的人选问题已有眉目。

而这个人选就是尼尔斯·克里斯蒂安森。

他拥有美国麦肯锡公司的顾问经验，曾任丹麦最大的跨国工业制造公司之一的丹福斯的首席执行官一职。

与多言善辩的克努德斯托普相比，尼尔斯显得沉默许多。

但他周身散发的安静气息，给人一种沉着冷静的印象。且其本人也常常能通过观察周边的情况，做出正确的决策。

"尼尔斯了解大企业的组织建设和用人之道"，尼尔斯身边的人如此评价道，这也是乐高公司聘请他的最主要的原因。

于是，2018年3月6日，也就是宣布乐高公司减收减益的中期财报后约半年。

当天，在乐高之家召开的2017年12月财报发布会的现场，新上任的首席执行官尼尔斯·克里斯蒂安森首次出现在媒体面前。

尼尔斯一脸紧张地走到台前，致辞也只是草草地回顾了2017年的乐高公司业绩。

"去年对于乐高公司来说是具有挑战性的一年。2017年全年收入同比减少了8%，税前利润也有所下滑。"

正如克努德斯托普总裁在中期财报中预言的那样，乐高公司全年陷入13年来的首次减收减益。

尼尔斯淡淡地说着乐高公司的业绩。尽管上任为首席执行官，却几乎看不出来尼尔斯的喜悦，他显然十分地紧张，这沉闷的气氛，像是要压垮他那1.8米的高大身躯。虽然乐高公司曾经的飞速发展时代迎来了终结，但是乐高公司并不会就此止步不前。

当阐述完业绩之后，尼尔斯似乎抢占了记者们的注意力，在各大媒体的竞相提问下，尼尔斯开始谈论起乐高公司今后的发展计划。

为再次崛起调整体制

尼尔斯表示："2017 年 9 月，克努德斯托普总裁宣布，将重置乐高公司，让公司重新成长。目前，公司已裁员 1 400 人。尽管我们很遗憾，要与此前一同陪伴公司成长的伙伴们分道扬镳，然而这些人里，已有很多人开始了新的职业道路。接下来，乐高公司没有进一步的裁员计划。"

在进入危急关头之前，乐高公司果断地进行了人事调整，从而控制了成本，并达到在公司内部制造紧张氛围的效果。

尼尔斯明确表示将在此基础上，从攻守两方面重振经营。

在防守上，宣布首先要采取措施调整组织。

正如克努德斯托普所说的那样，持续快速地发展，使得组织变得错综复杂。因此，尼尔斯在担任首席执行官后就很快在这方面采取了措施。

具体来说，首先是简化了层级结构，让全球九名地区总监，直接向首席执行官汇报业绩，从而减少了存在于地区总监和首席执行官之间的管理职位。然后，在此基础上，将权限下放到一线，使得项目的开启与否可由一线人员直接决定。同时乐高公司还致力于拉近消费者和管理层的距离，以便能再次提高决策速度。

最后，消化剩余库存。

过去连续 13 年的增收增益，为乐高公司带来了快速增长，然而，也造成了零售店存有大量的剩余库存。

2010 年，乐高公司的库存资产为 13 亿丹麦克朗（约 188 亿日元），2016 年为 30 亿丹麦克朗（约 495 亿日元），增加了两倍以上。且因卖不出去而滞留的库存，在这十三年里，一直不断累积。

乐高公司的销售额中，每年约有五成以上是新产品带来的。考虑到这一点，卖不出去的库存就会长期滞留在店铺里。但是，贱卖这些商品又会影响新产品的销售。所以尼尔斯上任后，就开始着手处理这些过剩的库存。

为此，在 2017 年 12 月，乐高公司首先缩小了零售的销量，并要求零售商销售掉店内的库存。

经过一系列的工作后，乐高公司的库存资产变为 23 亿丹麦克朗（约 384 亿日元），与一年前的 2016 年 12 月相比削减了约三成。尼尔斯表示，截至 2017 年 12 月，财报中反映的收益下滑，其实是受到了乐高公司控制零售店销量的影响。

"从零售店给到孩子们手中的乐高积木总量并没有减少。乐高积木在一年一度的圣诞旺季也表现不俗。从这个意义上说，2017 年盈利之所以下滑，并不是因为乐高积木失去了孩子们的支持，而是很大一部分因为重振公司的费用增加。"

打入中国市场是乐高发展的动力

在重新调整组织和消化库存的同时,尼尔斯也不忘采取进攻措施以推动乐高公司的发展。

为了让乐高公司能再次成长,尼尔斯列举了三个发展要点。其中之一就是进一步加大对潜力市场的投资。

具体来说,就是深耕中国市场。在乐高公司从前的主战场欧美市场发展放缓的情况下,中国市场在过去的四年里一直保持着两位数的增长。2017年,欧美主力市场仍然呈负增长的情况下,乐高公司在中国市场的业绩依然保持正增长的态势。

图9-1 嘉兴工厂支撑着快速发展的中国市场[1]

"中国对乐高公司的成长肯定会变得越来越重要。"

---

[1] 该图片已获得乐高公司授权,应版权方要求,在此标注。——编者注

尼尔斯说道。他对 2016 年 1 月在中国嘉兴竣工的新生产基地充满了期待。

该设施是乐高公司继丹麦、墨西哥、捷克和匈牙利之后投产的第五个积木生产工厂。

占地 16.5 万平方米，相当于 20 个足球场那么大，承包了从积木成型到产品装箱的整个生产流程。是目前乐高公司规模最大的一家工厂。建设投入超过 1 亿欧元（约 130 亿日元，折合 1 欧元兑 130 日元）。装箱后的产品除了供应中国市场，还运往印度尼西亚、马来西亚、新加坡等东南亚地区。供应给东南亚市场的 80% 的产品就是由该厂承担。

尼尔斯信心满满地说："乐高积木在中国的受欢迎程度空前高涨，未来乐高积木的需求将更加火爆。"

增设可以体验乐高的直营店

在打造生产基地的同时，乐高公司还在快速增建在中国的直营店"乐高商店"。

因为要想让人能更深刻地体验到乐高积木的组装价值，就需要增加客户与积木的物理性接触。

"有很多人就是先从网上了解到乐高积木，之后再通过到店内体验组装积木而成为乐高积木的粉丝。"

乐高公司首席营销官（CMO）朱莉娅·戈尔丁说道。在乐高公司知名度尚未打开的市场上，开设门店向人们展示乐高商品的世界观，就成为一个很重要的工作。

其中，乐高公司首先要公关的就是中国市场，乐高公司2020年在全球开业的134家店铺中，有91家开设在中国，约占总体的7成。

同时，乐高公司还在中国通过与当地企业合作，在数字领域推广乐高品牌。

2018年1月，乐高公司宣布与中国互联网巨头腾讯公司合作。腾讯公司是一家运营有网络游戏等的复合型网络企业，旗下的免费聊天软件"微信"用户众多。

通过与腾讯公司合作，乐高公司在中国既拥有了保障性的安全网络，又有了内容营销渠道。在保证著作权的同时，乐高公司还计划与腾讯公司合作制作电视节目等。

不仅如此，乐高积木在中国作为学习辅助用具的机会也逐渐增加。

因为近年来除了传统的读、写、算，中国有越来越多的父母想培养孩子的创造性思维。所以看准市场需求的乐高公司计划在玩具、教育服务等各个领域，全方位地开拓中国市场。

同时，乐高公司在中国积累的知识和经验，也可以直接应用于未来新市场的开拓。在中国之后，乐高公司瞄准了中东、印度以及非洲市场。2019年，乐高公司还在阿联酋的迪拜开设了新基地。

"目前，乐高公司约 80% 的营收来自全球约 20% 的国家，其中就有欧美等国家。这个营收结构 20 年来几乎没有改变。如果我们去开拓剩下的 80% 的国家市场，那么乐高公司还有很大的发展空间。"

尼尔斯谈道。

瞄准数字科技的全新游戏体验

尼尔斯认为还能让乐高积木再次发展的另一个重点领域就是与数字的融合。

"数字技术的面貌与 30 年前相比有了很大的变化。"

过去，乐高积木与数字的融合，主要体现在游戏方面。但现在以智能手机为中心，视频、音乐、社交网络、编程等，乐高积木可以融合的数字领域变得格外广阔。而如何将这些领域与乐高公司的游戏体验结合起来，就成了乐高发展的关键。

尼尔斯为此举了一个例子，那就是因可编程而闻名的"乐高机器人"系列。

2020 年，"乐高机器人"推出了该系列的最新作品。新版机器人启用了以"Scratch"为基础的通用编程语言，产品注重拓展乐高积木的玩法。

"当然，乐高即使要与数字技术相融合，但并不意味着乐高要脱离组装体验。因为乐高积木最大的竞争力仍然是积木组装。"尼尔斯强调道。

如果在原有优势的基础上,重新建立适合乐高公司长期发展的体制,那么乐高公司一定能实现复兴。

"面对这场危机,乐高公司并没有无动于衷,而是已经开始制订起复兴的对策。"

2017年,也是尼尔斯宣布要采取补救措施的四年后。

正如我们在第1章看到的,乐高公司截至2020年12月的合并营收创下历史最高盈利纪录。并且,在2021年9月28日发布的2021年6月财报中,公司也披露了创纪录的中期好业绩。

具体来说有:乐高公司在中国市场加速发展;与数字技术的融合下诞生了"乐高超级马里奥"这一大热产品;"乐高生活"等面向儿童粉丝的社交网络服务平台用户在稳步增长等。

而且受到新冠肺炎疫情的影响,一些因居家办公而变得时间充裕的成年人也被乐高公司成功地拉拢为粉丝。

乐高公司作为一家追求可持续发展的企业,认知度得到了提高。

正如尼尔斯在发布会上宣称的那样,他成功地重振乐高公司,让乐高公司重新回到了发展的正轨。

能否继续突破创新?

不过这也不能保证乐高公司未来就能安然无恙。因为营商环境总是如此瞬息万变,风险无处不在。

比如尽管积木是乐高公司的核心竞争力,然而在发展中的中国市场里,乐高积木的仿制品质量却逐年提升。

2016年乐高公司位于中国的工厂竣工时,英国广播公司播放了一个有趣的实验。实验中,记者将真的乐高积木和仿制的乐高积木给乐高积木工厂的厂长辨别真伪,然而厂长把真假乐高积木给弄混了。

尽管乐高公司一直对仿制品进行严厉的法律追究,并于2017年12月下达了对中国国内厂商禁止生产和销售假冒产品的命令。但价格低廉、外观并不逊色于乐高积木的仿制品,仍然继续成为乐高公司进军发展中国市场的风险。如果中国厂商仍不断仿造积木产品,并以此席卷印度和非洲市场,那么乐高的发展战略也会受到影响。

此外,"乐高创意"开创的用户创新,也需要进行不断重新评估和进化。随着社交网络的普及,用户之间的作品融通环境每时每刻都在发生着变化。在"乐高创意"中,最终的产品化工作是由乐高公司来承担的,但是现在也有越来越多的网站可以出售自己设计的积木,使得用户无须通过在乐高平台投稿作品,即可进行制作。

2019年乐高公司收购的"积木链接"就是这些网站中的先驱,随着今后用户影响力的进一步提高,产品开发的主导权有可能会从乐高公司转移到用户上来。不过,要是粉丝自行开发产品，相信乐高也不会无动于衷。

正如美国麻省理工学院教授埃利克·范·希佩尔所指出的那样，乐高公司可能需要在某些地方果断地谋求用户创新的新突破。

此外，乐高积木与数字游戏的竞争也是永无止境。虽然在 2020 年，乐高积木凭借"乐高超级马里奥"实现了数字与乐高积木相结合的新玩法，但未来，乐高积木与电子游戏之间，争夺孩子可支配时间的博弈仍将延续。

"我的世界"作为网络版乐高积木，在世界各地都拥有众多的粉丝，深受大人和小孩的喜爱；被认为是从"罗布乐思"等乐高积木产品中获得灵感的新网游也层出不穷。如果乐高积木不继续展现出超越这些内容的魅力，孩子们就不会离开电子游戏世界，回到乐高积木的身边。

不过现在，其实有很多父母想让孩子们多玩乐高积木，戒掉电子游戏。

"假如乐高积木与数字产品完全融合的话，反而可能会有父母不喜欢。"

麻省理工学院斯隆管理学院的大卫·罗伯逊指出了乐高公司的难处。

随着数字终端在世界范围内的低廉化，智能手机和乐高积木的价格逐渐变得不相上下。在人人都能接触手游的时代，如何呈现组装体验的挑战，将永远不会消失。

在漫长的发展历程中，每当乐高公司面临危机时，就会努力寻找自己的存在意义，增加能提供给消费者的价值，从而实现巨大的飞跃。

通过增加价值，让乐高积木从一个儿童玩具，到成为一个跨时代的商品，甚至还被用作教学辅助工具。

乐高积木的本质价值到底是什么呢？

是通过危机培养出来的适应能力，能使乐高积木所具有的魅力与时俱进。

从商品本身来看，这只是竞争对手非常容易仿造出来的塑料块。即便如此，乐高公司却能成功地避开价格战和技术战，是因为乐高公司一直在赋予自家积木以新的价值。

无论何时，乐高公司都不安于依靠自身的品牌影响力，而是在反复试错的同时，不断摸索新的价值。因为一旦停止这种努力，乐高就会被大宗商品的浪潮所吞噬。

只有以自身真正的优势为中心，才能实现不断变化。

而该如何在保护传统和除旧迎新之间取得平衡，实现可持续发展，这恐怕是摆在尼尔斯等乐高公司高层面前的一大挑战。

在这个过程中，乐高积木的价值可能会再次遭受到质疑。其实，组装积木的价值本身也不是绝对准确的。

为什么要持续发展呢？

公司的价值是什么？目标是什么？

不断地反思，不安于现状，不停止变化。

只有这样才能摆脱成为大宗商品的束缚。

乐高公司的发展,给予了因人工智能的发展而面临商品化风险的每一位一个很大的启示。

变化已经开始了。

你能给予社会的价值是什么?

你有继续做出改变的觉悟吗?

采访 | 尼尔斯·克里斯蒂安森(乐高集团首席执行官):持续创造边玩边学的企业文化

尼尔斯·克里斯蒂安森于2017年10月起任现职。曾在美国麦肯锡担任顾问,并开始了自己的职业生涯。他在加入乐高集团之前,曾任丹麦大型制造商丹福斯的首席执行官长达

九年，还担任过丹麦大型助听器公司戴蒙特的董事会主席，以及瑞士食品包装公司利乐拉伐的董事一职。

——您认为乐高公司要想在未来继续发展，什么才是最重要的呢？

"要是有魔法般的方法就好了，可惜没有这样的秘法。我认为要让公司发展，就需要紧盯世界大局的变化，让乐高公司尽可能地与时俱进。目前公司面临的挑战是数字化。数字化的浪潮，对我们的产品和孩子们的玩法会产生什么样的影响，值得我们密切关注。"

"乐高产品其实在很早之前就开始了数字化，所以和数字技术并不是对立关系，两者的结合反而充满了可能性。不同年龄段的孩子们，在数字化的影响下，玩游戏的方式发生了很大的变化。我们也在不断地试验，以期找出与时俱进的办法。最近，'乐高超级马里奥'大受欢迎，但是数字和物理相结合的玩法，还有无限的可能。我们将会继续在这方面进行长远的投资。"

"除了产品和游戏方式，乐高公司也需要进行数字转型。因为社会的数字化对我们的供应链和工作方式带来了很大的冲击。尽管这次疫情以来，线上购物的行情大涨，但我认为乐高公司仍需不断完善基础设施方面的建设。"

"现在，乐高公司正在推进完善平台结构。实现每名用户可以通过一个 ID 账号，在乐高平台上自由通行。加之'乐高商店''乐高乐园''乐高创意'等各种各样的服务无缝衔接，为平台打下一个令人放心、体验良好的基础。"

——新冠肺炎疫情之后，乐高公司的经营方针是否有变化呢？

"正如乐高公司的企业使命所说的那样，'给予灵感，孕育未来的建造者'的方针将始终不变。不过，在开展日常业务的方式上，我们会有相应的变化。例如员工的工作方式，我们利用音频会议系统等，构建了一个即使居家办公也能顺畅沟通的工作体系。我们还推进了办公室环境的数字化，完善居家办公和公司上班各自的生产体系，实现了生产力的提高。"

"决策的方式也发生了变化。2021年，在丹麦比隆落成的新总部，与从前的总部定位完全不同。过去，总部是一个金字塔形的组织结构，整体战略由总部决定，然后再下放到其他据点。所以从前的总部占据着领导地位。但是，在信息技术如此发达，社会变化莫测的当下，总部不一定能时刻掌握最新的信息。"

"因此，总部和分公司之间不能再像从前那样保持着金字塔形的关系。需要转变为信息对等交换的扁平关系。乐高公司现在运用的很多制度和知识，是从伦敦、新加坡、上海等地反向输入总部的，这种情况也在不断增多。然而，想要从分公司吸取经验，总部和分公司的上下级关系有时会成为一大障碍。因此，乐高公司需要让所有分公司都跟总部统一企业文化和工作方式，提高人和信息的流动性。"

——作为一家跨国公司，乐高未来将如何拓展市场？

"目前，我们的重点市场在中国。2020年中国市场就极大地拉动了乐高公司的盈利增长。为了拓展乐高积木在中国的品牌知名度，我认为与中国的腾讯等实力企业的合作将是关键。"

"另外，我们也需要让消费者了解乐高公司的世界观。这就需要提供一个能让大家实际接触乐高积木、体验乐高积木的场所。这就是我们在中国不断增加乐高公司店铺的原因。2020年，乐高公司在全球新开的134家门店中，有91家在中国。"

"消费者通过逛这些商店，可以从完全不了解乐高积木到深入地了解乐高积木的价值观。在这里的体验和印象，日后会给他们留下深刻的记忆。虽然现在人们可以在线上购买商品，但我们依然认为让人们接触和体验乐高积木，对于打开品牌知名度来说非常重要。"

"这种方法还可以在今后应用于开拓新市场上。例如中东地区，据说到2028年，该地区的儿童人数将达到1.25亿。我们已经在阿联酋的迪拜开设了分公司，建立起了中东地区的据点。之后也会正式进军非洲市场，同时我们也在考虑经济快速增长的印度。乐高公司还有很大的发展潜力。"

——保持企业文化是实现持续发展的关键。

"幸运的是，乐高公司有非常强大的品牌影响力，员工们也越来越了解自家的企业文化。很多在乐高公司工作多年的员工非常明白乐高公司是一家什么样的企业。乐高公司应该尊重每一位这样的员工，尊重他们心中的乐高企业文化。那么管理层需要做什么呢？我认为管理层需要给员工们指明方向。"

"管理层的职责是时刻为员工指明'purpose'，即乐高公司的价值，并带领员工一同朝着这个方向前进、改变。乐高公司的价值是为孩子们的未来做出贡献，所以如何才能实现这一点？而思考这一点和鼓舞员工就是我的职责。"

"最近，有一些企业为了在内部普及企业价值，专门设立了首席文化官。在乐高公司，可以说是由我扮演着这一角色。不过有时候，靠领导来传播公司文化，就有些本末倒置了。因为文化不是教出来的，而是靠每位员工自觉地去掌握的。"

——您认为乐高公司的强大之处又是什么呢？

"乐高公司有着强大的品牌影响力和明确的公司愿景。数字化和公司的数字化转型的前途，是孩子们光明的未来。而乐高公司之所以强大的一个重要的因素就是'Fun'（快乐）。任何工作的表现都由个人的快乐程度所决定。乐高公司要想继续成为一家为孩子们提供快乐的企业，就需要我们所有员工去享受工作，珍惜有趣的文化。"

"这并不是什么新奇的想法，但如何将快乐渗透到每天的工作中，也是我要解决的问题。在疫情期间，我认识到提高员工积极性和参与度，建立一个能够移交权限的组织的重要性。如何才能解放员工的创造力，让他们全身心地投入工作中？尽管这个问题没有唯一的答案，却是一个颇具挑战性的课题。所以能迎接这个挑战让我感到十分兴奋，也在不断地努力解决这个问题。乐高公司的首席执行官可不是一般的首席执行官呢。"

为了让员工能够更加主动地工作，新总部原则上没有固定的员工工位，而是把在哪个地方工作的决定权交给员工

第 10 章

持续产出价值的公司条件

如果现在你离开公司，公司会失去什么？

本书中多次出现这个问题，其实是为了让大家能好好思考"存在的意义"。

在思考时，我们的脑海中自然而然地会浮现会以下这些问题：

你在公司中扮演着什么样的角色呢？

你有什么优势呢？

你在公司工作的动机是什么呢？

人这个词在日语里写作"人间"，表明了人离不开人与人之间的关系。若世上只有一个人就没有任何的意义。但是在与自己以外的人（最终会成为社会）之间，我们作为独立的个人又起着某种作用。

只有一个人的话是什么都干不了的，随着慢慢地成长，在社会中积累经验后，能做的事情便会越来越多。在这个过程中，人的作用也会不断扩展。

这在人的成长期是一件了不起的事情。但是成长期结束，人开始步入中年的时候，要做的事情又会变得非常多，反而使我们忘记了自己存在的意义。

在心理学上，这一时期被称为"中年危机"，此时的人长大后，在社会中能做的事情越来越多，所以需要对自己的多个角色进行梳理，并重新找到自己真正应该扮演的角色。

在这个过程中，人需要舍弃许多社会角色，从中选择最重要的本质，做自己，对社会做出更好的贡献，即需要进行"角色的断舍离"。

被质疑的企业价值

我想，无论哪里的企业都会受到过同样的质疑。

如今的消费者和股东总是会对企业的价值抱有怀疑的态度，所以越来越多的企业开始重新审视和解释自家的企业理念。在这个时代，质疑公司价值就像是形成了一股热潮般常见。

公司是为了什么而开展业务的？如果自己的公司不存在了，社会会失去什么？

在过去，企业为了经济增长不断地扩大经营规模，这样的做法曾被认为是绝对正确的。在不断发展壮大的过程中，企业无须重新思考企业价值的问题。

然而，随着人口减少和气候变化的问题日益严重，盲目地扩大事业规模，有时甚至可能会对我们赖以生存的地球造成负面影响。

在这种社会背景下，人们开始重新审视企业活动对环境的影响，并自然而然地开始质疑企业创造的利润是否给社会带来益处，使得企业也不得不重新思考自身的价值。

这种现象是否意味着，商界里也出现了类似的"中年危机"呢？

从前，企业以发展经济为商业的"绝对真理"，就算讨论过战略规划，但实则很少有公司真正地在深入探讨企业价值。大多数企业谈论的对象也一直是竞争对手和市场行情，他们把大量的时间花在了开发产品和服务上，以求实现自身利益的最大化。

然而，营商环境在这十年里发生了很大的变化。

战略确实也很重要，但仅仅以追求利益为目的的公司，不仅得不到消费者的支持，也会逐渐失去员工和股东的支持。

当人们质问企业的价值时，实则是想要了解企业的经营活动是为了打造什么样的世界，会给社会带来什么样的价值。在企业做出重大决策的时候，须能够清楚地说明缘由。

其中的美国户外运动服装品牌巴塔哥尼亚就是最典型的例子，该品牌就直截了当地提出了自家企业的使命是"为拯救地球而营商"。

专攻户外产品的巴塔哥尼亚，是不可能仅靠自己的力量拯救地球的。但是巴塔哥尼亚可以通过自己的产品，通过重新思考并公布自家公司新的商业模式，得到广泛的支持。

要想得到支持，就要给社会带来最大化的冲击，但这并不是说让公司包揽所有社会业务，而是要通过聚焦自家公司的优势和价值，使之能够与社会开展广泛的合作。

第 10 章 持续产出价值的公司条件

本书提到的乐高公司也一度走上扩张的路线。随着积木的专利在各地陆续到期，乐高公司失去了旧有的成功模式，不得不将事业多样化。然而，这一过程导致乐高公司迷失了"中心"，看不清企业自身的价值。

不过后来，乐高公司通过重新研究公司的核心优势，再次确定了自身在社会中的存在意义，通过与社会共创未来，乐高公司作为价值创造型的企业实现了涅槃。

我所经营的共创型战略设计农场 BIOTOPE（群落生境）在 2015 年创业之初，曾有很多支持创新的项目。

不过这几年，相对于扩大公司的规模，我们更多的是致力于描绘企业理想，为了把公司价值以"目标"和"使命"的形式语言化，把默默无闻的企业文化进行价值语言化，近年来，公司增加了许多以理念设计为主体的项目。

在往后的时代里，企业想创造什么样的价值的意愿将会变得尤为重要。要回答这个问题，不仅要一鼓作气地投身于能创造价值的创新上来，还要巩固"使命""愿景""价值"等基础经营理念，花时间在整个组织中创造价值。

现在有越来越多的企业为了谋求企业存在的意义和价值观的共识，经营者和高层们反复地共论企业价值。

251

> 乐高传
> 在危机中涅槃

不知道正确答案的时代起点

为什么现在企业价值会变得如此重要呢？这背后有几个原因。

其一是快速的技术变化。物联网（IOT）、人工智能、机器人技术等，近 20 年兴起的数字技术革新，极大地改变了社会结构。在产业的主角从工业向信息转移的过程中，企业也迫切需要向适合信息化社会的管理和组织转变。在信息化社会中，为了推进事业的发展，就需要引发顾客、员工等利益相关者的共鸣。

例如，在汽车行业：一直以来，汽车制造商的首要任务是开发出优质的汽车。厂商的资源在过往也都耗费在完成这一目标上，以此通过建立优化的"生产组织"来有效开发高品质汽车，与对手展开竞争。

然而，在信息化时代，规则发生了变化。汽车制造商开发的产品，不一定只有高品质的汽车了。随着众多来自汽车行业以外的对手加入，以及自动驾驶、共享汽车等新技术和新服务的出现，人们迫切地需要用"移动性"这个更广泛的概念来重新看待未来的汽车。

人们常说的从物到事这一运动的本质，是基于新价值观的商业模式，也就是打造新系统。而且在系统中还需要有设计思想。

不拘泥于现有汽车的条条框框，要想将新的想法商业化，首先就要确定公司的思想，即价值基准。

想清楚自己的公司认为做什么有价值，即公司想要实现一个怎样的社会效果。

如果不以此为起点开始新的尝试，那么企业在发展事业的过程中就很可能会陷入迷茫。从这个意义上说，企业在提供什么样（What）的价值之前，首先要自问这么做是为了什么（Why）?

劳动者的意识有了很大的变化

公司价值受到重视的另一个原因，是构成社会中心的人群年代更替，导致社会的价值观发生了变化。

一出生就日常接触互联网和智能手机，被称为千禧一代[①]和Z世代[②]的群体正在成为社会的主角。也有人说，到2025年，这一代人将占全球劳动人口的75%。

这一群体表现出的消费特征：比起商品和服务，他们更注重提供商品和服务的企业价值。

---

① 千禧一代是指出生于20世纪未成年，在跨入21世纪（2000年）以后达到成年年龄的一代人。——编者注
② Z世代是一个网络流行语，也指新时代人群。——编者注

他们在选择商品时，比起价格和功能，更重视其中的内涵，重视开发商品的企业态度是否与自己有共鸣。据说发达国家的千禧一代或 Z 世代，对环境问题等社会课题十分敏感，也非常关注可持续发展。

BIOTOPE 的成员有一半以上都是 20 ～ 29 岁的年轻人。和他们聊天时，我可以真切地感受到年轻一代人对富裕的价值观的变化。

虽然人要生活就需要钱，但在此之上，这代人会希望能做一些让自己觉得有意义的事情。想必他们的内心在想，"虽然未来无法预测，也不知道正确答案是什么。哪怕如此，也想和跟自己有一样价值观的人和企业共事，享受当下快乐的同时寻求内心的真理。"

仅凭销售额、利润这些传统经营指标已难以衡量成功。今后，企业更需要做的是展示企业想要创造一个怎样的愿景和世界观。

由此让人产生共鸣，形成吸引人参与的企业文化。而这就需要员工、合作伙伴、股东等利益相关者也抱有同样的合作意识，从而实现长期、持续的价值创造。

从生产型组织转变为创造型组织

尽管表达方式有所不同，但几乎所有的企业都定义了自己的企业价值，也有不少企业将自家的使命和愿景发布到官网上。

然而遗憾的是，这些企业标榜的使命和愿景等，没有多少是真正源于公司每位员工的人生经历。

越是历史积淀深厚的传统企业，有时越是会迷失其价值。

经营者更迭、业务增长、多元化的发展，导致公司创始之初的"DNA"被淡化，不知不觉中，公司的价值变得越来越模糊，使得内部无法保持一贯性。创业时期曾明确存在的理想与方针，也在某个时候消失不见。

在工业化时代的"生产组织"中，企业价值即使有所淡化，也不会造成严重的经营问题。因为就像前文提到的汽车行业一样，那个时代会明确地规定企业该做什么，经营者只要提出了大的方针，生产活动就可以通过分工体制进行有效管理。

可是随着信息革命的到来，所有人都通过网络连接在一起，社会也因此发生了很大的变化。

在信息化社会里，新的产品和服务创意是由各种各样的人和公司，通过数据和交流等相互作用下产生的。企业在这个时代成为汇集数据和想法等无形资产的场所，但最终能否创造出新的价值，则有赖于人。因此，企业作为一个让人拥有远大愿景和价值的载体，在社会中也变得尤为重要。

因此，企业有必要转变为一个"创造型组织"，激发每位员工的想法和价值，使之与公司的发展方向保持一致。

从这个角度看，乐高公司的业务变迁就耐人深思了。因为乐高公司在发展的过程中，由原来的生产型组织转变成创造型组织。20世纪90年代后半期，陷入经营危机的那段时期，正是其转型的分水岭。

此前的乐高公司一直以"给孩子们最好的东西"为公司理念，致力于积木的品质提升。高效地产出大量制作精良、坚固的积木块，扩大了在玩具市场的份额。

然而，到了20世纪80年代，积木专利开始到期后，乐高公司已无法单靠积木的质量在市场竞争中取胜。

为了摆脱危机，乐高公司试图从外部聘请专业的经营人士，打着"去积木"的旗号推动业务多元化。这也导致乐高公司淡化了自身的企业价值，因此这场改革最终以失败告终，而后的乐高公司陷入了更加严重的经营危机。

直到此时，乐高公司才开始认真地重新审视自己的企业价值。

这也让乐高公司再次确认了一件事，即乐高游戏不仅仅是一块积木，游戏的重点更在于组装的过程。于是，乐高公司重新定义了自身的企业价值不仅仅在于积木的质量，而在于组装的体验。

当乐高公司重新确认自己的企业价值，并明确了什么该做、什么不该做之后，乐高公司终于能够与合作伙伴共同拓展业务。

这不仅成了研发新产品的创新手段，也带来了一种良性循环，让公司的价值得到了拓展延伸。乐高就这样通过向创造型组织的转变重获新生。

找出企业之"根"

那么，企业该如何才能进化成像乐高一样能创造独特价值的创造型企业呢？

在企业经营中，企业总是会因与对手竞争等原因，而忽略了自身价值。其实比起竞争，企业更应该关注的是"自己的优势是什么""在过去、现在、未来，企业持续创造的价值是什么"等问题，以探索自己公司积累的文化资源，重新赋予自身企业价值。

也就是说，一家企业不是把企业价值像宪法一样确定下来就了事了，企业还需要将这一价值变成鲜活的故事，并不断进行更新。

平日里，我们往往忙着和客户沟通，与对手竞争，而忽视了自己拥有的能力。然而，要想创造价值，就需要集中精力，找出潜藏在自己身上的能力，从而看到从前忽略的可能性。

为此，企业在日常的经营中，就要留有"余白"，以便让自己能重新思考自家公司的存在意义。

留有"余白"是指企业的管理层不要一开始就草草地下

结论，而要多与一线工作人员和高层候选人进行反复讨论，一步步地寻找自家企业的"根"。

而乐高公司的另一个有趣之处，在于它可以作为一个辅助工具，帮助探索人和企业的价值，以及创造故事。

其中一个例子就是本书也提过的"乐高认真玩"。我本人其实早在 2008 年就取得了乐高认真玩认证导师的资格。那时，日本的"乐高认真玩"导师还不到十人。

关于"乐高认真玩"的具体内容在前文中已有描述，这里就不再赘述了。总之，"乐高认真玩"通过让人们组装乐高，帮助激发出玩家内心的想法，最终有助于公司制定企业战略。

这种方法的魅力，在于人们通过动手制作东西，意识到自己无意识地做过的事情和一些重要的想法。其实，"乐高认真玩"就是现代版的沙盘游戏。

如果多名玩家一起玩，就能看到各个玩家各自考虑的问题及其关系。由此，乐高积木世界就直接转变为可以实时模拟战略的场所。

即使经营者在制定企业战略之初毫无头绪，但只要通过动手组装积木，他们就可以看到自己的想法变成积木作品。

再加上"乐高认真玩"中介绍自己作品的环节，能让别人从自己的语言中获得新的灵感。"只有说出自己的想法，才能够理解自己的想法。"这种乐高玩法能带给玩家多次这样的体验。

这也告诉了我们，先试着去做是多么的重要。

"在'乐高认真玩'的研讨会中，最具代表性的问题就是'你认为里面的哪一个零件最重要''为什么'。将简单制作出来的东西拆散开来，然后根据直觉，选择最重要的一个零件，这种行为有助于玩家重新审视企业价值。"

长期以来，商界往往遵循着老旧的套路。即先收集足够的信息，然后对想法进行试验。但是，在变化莫测的现代，企业只有不断试错，才能创造出新的价值。

所以，在这个信息化时代下，当有想法的时候，我们就要先将想法具现化，而不能只把想法停留在脑子里。

人工智能时代下的人类价值是什么？

最后，我想就本书序章中提到的今后人类的价值是什么这一问题，谈谈我个人的想法。

在人工智能不断发展的现代社会，人类的价值到底是什么呢？

我认为，人类的价值简而言之，就是"创造文化的力量"。这是一种能产出创意和想法，并使之成为一个集体的能力。

人是不能独自生存的动物。历史上，人类也是通过群居生活实现持续的繁荣。为了能够团结群体，人类想尽了各种办法。如信息共享、不成文的规则、社会规范……

我认为，通过将人与人连接起来，在相互支持下产出的成果就是文化。如此看来，只有人类才能将人们团结起来，将持续性的繁荣升华为文化。

而乐高则可以让世界上任何地方的人通过积木进行交流。可以说，这是一个以积木这一共同语言为基础，将粉丝们联系在一起，并创造出新文化的平台。

在这个正探索该如何与人工智能打交道的时代下，社会上出现了游戏的人（Homo Ludens）一词来侧面反映人类的意思。由此也可以再次证实，人是一种会玩的生物。

人创造游戏以及文化，这是一种人性。而将下一代人的特征进行具现化，不正是乐高积木未来的使命吗？

本章作者　佐宗邦威（BIOTOPE 代表）

位于丹麦比隆的科恩马肯工厂几乎全年无休地工作

第 11 章

潜入乐高工厂！实现超高效经营的乐高"心脏"

乐高传
在危机中涅槃

位于乐高创业之地丹麦比隆的科恩马肯工厂，是历史悠久的生产基地。该工厂可以说是实现高效经营的乐高"心脏"。那么接下来，让我们来通过图片了解这家工厂的内部情况。

乐高积木的制造工艺大致要经过三个工序：

①搬运制作积木的塑料材料；

②将塑料材料熔化，用成型机将材料塑形；

③将积木按产品分类集货，并装箱发货（打包）。

科恩马肯工厂主要负责其中的①②工序（图 11-1）。除了该工厂，乐高还在匈牙利、墨西哥、捷克和中国设有工厂，为全球市场提供产品的生产和包装。截至 2017 年，乐高工厂每年生产 750 亿块积木。

图 11-1　科恩马肯工厂的面积为 6.2 万平方米。通过不断地扩张生产规模提高产能

第 11 章　潜入乐高工厂！实现超高效经营的乐高"心脏"

新产品只是改变了积木的组合

正如本书前文中提到的，乐高公司高效经营的秘密在于将核心业务锁定在积木的开发和制造上。

一般来说，玩具产业与电影和音乐产业十分相似，是一个时而兴时而不兴的行业。每一季流行的玩具总是不断变化，去年的热销品未必能在第二年同样畅销。即使是高人气的卡通产品，如果不能与时俱进地换花样，也很难继续保持销量。

许多玩具制造商为了跟上潮流，都会不断地开发出新玩具，然后就对生产线进行巨额投资。但是很多玩具其实季度一过就会过时，因此厂商也需要定期更新设备。这也成了普通玩具厂商经营效率低下的一个主要原因。而乐高公司的业务结构不同于一般的玩具企业。

即使乐高公司需要在每一季都投放新品，也基本上不需要大规模地变更生产线。工厂只需改变积木组合后进行包装，并增加生产新零件所需的成型零件即可完成新商品的制造。因此，即使推出新品，只要制造商品运用的既有专业技术的比例较高，就能提高企业的经营效率。

1 小时生产 400 万件

下面，让我们来实际了解现场的情况。

我们在进入工厂前，首先要换上专用的鞋子（图 11-2）。受新冠肺炎疫情的影响，工厂曾一度被迫停产，但目前已恢复正常运营。除了圣诞节，工厂都保持每天 24 小时运转。

图 11-2　参观者进厂前，要换上专用鞋

工厂每小时生产 400 万块积木。工厂中的约 800 名工人，以两班轮班制的形式工作（图 11-3）。

图 11-3　约 500 米长的通道，似要穿透整个工厂

第 11 章　潜入乐高工厂！实现超高效经营的乐高"心脏"

我们一踏入工厂，就会发现天花板上布满无数根管子。管子偶尔会发出"沙沙"的声音在工厂内回响。这其实是由 ABS 树脂制成的塑料材料发出的声响。这些材料被称为颗粒，如同米粒般的材料每天都会被卡车运送至工厂（图 11-4）。

图 11-4　被称为"颗粒"的塑料材料，由 ABS 树脂制成

工厂每天使用 ABS 塑料颗粒的量是 100 多吨。通过遍布工厂内的管道，塑料颗粒储存在 24 个巨大的筒仓中（图 11-5）。

正如本书第 8 章所述，乐高公司目前正在开发以可再生材料为原料的积木，从而替代这种 ABS 树脂。2018 年，乐高公司开发出了第一个成果，即由植物性甘蔗材料制成的"树"和"森林"等的零部件。

据带领参观工厂的乐高公司负责人介绍，塑料材料大约有 20 种颜色，将它们混合调色，能产出 50 多种颜色。工厂会根据季节和产品的不同，灵活变换材料颜色。

乐高传
在危机中涅槃

图 11-5　工厂内有 24 个巨大的筒仓，里面储存了塑料材料

由 800 台成型机制造

接下来就到塑形工序了。储藏的塑料颗粒，会根据不同的零部件被分别送到成型机内。一台由电脑自动控制的成型机，外形就像一个巨大的商用冰箱侧倒的样子（图 11-6）。把塑料颗粒放入机器内，颗粒会在 230 ~ 310 摄氏度的高温下溶解，并被制成牙膏状，接着倒入能塑形成积木的模具中。

根据制造零件的种类，成型机可对每平方厘米施加最大 2 吨的压力进行塑形。经过十秒左右，积木经过冷却后变硬，并自动脱模。按照以上程序，工厂就能快速地批量生产出积木。生产出来的积木精度以 0.005 毫米为单位，保证了各个乐高积

第 11 章　潜入乐高工厂！实现超高效经营的乐高"心脏"

木间能完美吻合组装的高品质。现在，科恩马肯工厂约有 800 台成型机在运行工作。

图 11-6　成排的积木成型机，约有 800 台在工作中

为了环保，工厂会尽可能地回收利用成型过程中残留的塑料，以及掉在地板上的积木（图 11-7）。

图 11-7　成型过程中未使用的塑料也将被回收利用

> 乐高传
> 在危机中涅槃

由大型仓库管理积木

据悉，生产的乐高积木零件种类约有 3 700 多种。如第 3 章所述，2000—2005 年，零件种类增加过多，曾让乐高公司不堪重负。如今，乐高公司的经营步入正轨，零件数量再次出现增长的趋势。

直到生产好的积木正式成为商品之前，会暂时储存在仓库中。负责将积木从成型机处转移到仓库的是图 11-8 所示的搬运机器人。成型机附带的箱子中，一旦储存了一定量的成型积木，搬运机器人就会自动提货，并运送到通往仓库的传送带上。

图 11-8　机器人在收集成型机制造出来的积木

每块乐高积木都会配有标识符，用上面的条形码来管理制造工序（图 11-9）。

搬运机器人将收集好积木的箱子运送到连接物流仓库的

传送带上。另一个房间的仓库里存放着42万箱乐高积木,一有订单进来,巨大的起重机就会自动挑出对应的箱子,然后放到负责打包的传送带上(图11-10)。

图 11-9　每一块乐高积木都会被配上单独的标识符

图 11-10　巨大的仓库里,存放着42万箱乐高积木

科恩马肯工厂还负责部分商品生产的收尾工作。经过描绘乐高迷你手办的面部的工序之后,每块积木产品被包装入

袋，然后作为商品发货。

现在的乐高工厂已完善了自家供应链，在全球拥有五个生产基地，可以选择最高效的销售渠道精准输送产品。乐高公司作为世界级的玩具制造商，积木的开发和制造对乐高公司的发展壮大可以说功不可没，而生产工厂也将继续作为乐高公司的竞争源泉，在未来不断进化。

附录　乐高公司年表

历代首席执行官	时间	主要事件
创始人奥莱·柯克·克里斯蒂安森	1932年	家具工匠奥莱·柯克·克里斯蒂安森开始制造木制玩具
	1934年	把公司名称定为"乐高"
	1949年	开发出第一个塑料积木
	1953年	将积木重命名为"乐高积木"
	1956年	首次进军的海外市场为德国
第二代掌门人戈德弗雷德·柯克·克里斯蒂安森	1958年	戈德弗雷德·柯克·克里斯蒂安森从父亲手中接管乐高，乐高积木获得专利
	1968年	第一个乐高公司在丹麦比隆开园
	1969年	推出面向幼儿的"乐高积木"
	1978年	第一款"迷你手办"诞生
第三代掌门人克伊尔德·柯克·克里斯蒂安森	1979年	克伊尔德·柯克·克里斯蒂安森出任乐高公司首席执行官
	1985年	与美国麻省理工学院签订合作协议
	1989年	1980年成立的乐高公司教育部门更名为"LEGO Dacta"
	1996年	开设网站"www.LEGO.com"
	1998年	与美国麻省理工学院共同开发的"乐高机器人"上市
	1999年	推出"乐高星球大战"系列
	2002年	乐高公司第一家实体店在德国科隆开业
第四代掌门人约恩·维格·克努德斯托普	2004年	约恩·维格·克努德斯托普出任首席执行官
	2005年	将乐高乐园出售给英国默林娱乐集团
	2008年	以世界著名建筑为原型的成人乐高玩具"乐高建筑"在此年发售

乐高传
在危机中涅槃

续表

历代首席执行官	时间	主要事件
第四代掌门人约恩·维格·克努德斯托普	2009 年	推出"乐高我设计",使用户可以在电脑上设计自己的原创乐高积木
	2011 年	可将粉丝创意商品化的"乐高空想"平台上线"乐高幻影忍者"系列上市
	2012 年	推出以女孩子为主人公的"乐高朋友"乐高母公司 Kirkbi 入股海上风电
	2014 年	乐高电影上映将"乐高空想"更名为"乐高创意"
	2015 年	宣布计划用可再生材料替代乐高积木的主要原料
	2016 年	乐高积木在中国的生产工厂投产
第五代掌门人巴利·帕达	2017 年	于 1 月出任首席执行官的巴利·帕达于同年 8 月卸任。随后尼尔斯·克里斯蒂安森于 10 月上任首席执行官"乐高之家"在丹麦比隆开园,世界第八家乐高乐园在日本,开园儿童乐高专属社交网络服务平台"乐高生活"上线
第六代掌门人尼尔斯·克里斯蒂安森	2017 年	收购英国默林娱乐集团,重新将乐高乐园收归旗下公司办公中使用的电力由 100% 可再生能源提供
	2018 年	使用可再生材料制造乐高零部件
	2020 年	推出"乐高超级马里奥"宣布追加投资 4 亿美元开发可再生产品
	2021 年	发布由再生塑料制造的乐高积木原型乐高公司新总部在比隆落成

后记

诞生乐高公司的丹麦，是一个秩序与混沌交融的神奇国度。

秩序是指丹麦是一个福利大国。国民们享有免费的医疗、教育和生育福利。不仅首都哥本哈根，丹麦的每个主要城市都有完善的道路设施，建筑管理有序、干净。而这是由国家达25%的消费税率、国民负担约60%的税率支撑着这一条件优厚的体系。

同时，丹麦又是一个充满混沌的国家。通过哥本哈根的市中心内，一些像日本出岛[①]一样的独特地方便可窥见一二。其中，克里斯钦尼亚里就有一个闻名世界的嬉皮士公社。公社拥有世界上少有的强大自治权。

公社所在的地方有一个小小的湖泊，在树木茂密的一带，林立着多彩的房屋和木质树屋。这一组织约有900人，所在片区面积约7.7公顷，尽管地方很小，但拥有独立于丹麦政府的自治权。

在这片土地上，公社运用自己的"法律"禁止暴力，禁止车辆通行，禁止吸毒成瘾，还拥有独立的国歌和国旗。

在丹麦这个发达国家，很难想象会有政府权限受到限制

[①] 日本的小岛屿，现归属长崎市。曾是日本实行锁国政策之后，少数外国人能逗留的地方。——译者注

的社区存在，但是克里斯钦尼亚确实得到了丹麦国民的承认，如今也仍作为自治公社继续运作着。

福利大国和嬉皮士公社。

这乍一看像是两个极端，然而两者又是被深层的丹麦价值观连接在一起。具体体现在丹麦每一位国民（居民）作为独立个体受到了尊重，同时他们又会主动参与社区的运营。"享受福利"和"获得自由"的相同之处在于，两者均要求人要拥有主体意识，并对自己的行为负责、遵守纪律。

乐高积木这种简单的玩具，在某一方面象征着这种丹麦文化。通过玩积木游戏培养的逻辑能力和创造力就是秩序和混沌的表现。

乐高积木之所以能作为激发人类本能的工具而备受瞩目，可能是因为它肯定和唤醒了看似矛盾的这两个价值。

"你想做什么？"

"你珍惜的是什么？"

"如果没有你，世界将失去什么？"

在组装乐高积木的同时，丹麦人又用积木表达了几代人的想法。

只有自己的行动才能解放自己的价值。在思考之前，先动手去做，这或许是乐高公司经营历程中吸取到的教训之一。

本书是2008年我在担任日经商务记者的时候，以采访大象设计的创始人西山浩平为契机诞生的。这里再次感谢日经商

后记

务编辑部给了我这么好的机会。

书中的内容,参考了当时撰写的报道,也再次采访了相关的乐高公司人士,以求能更真实地描述乐高公司的经营和积木所具有的独特魅力。

尽管在我写书期间,受到新冠肺炎疫情的影响,正常的出行采访变得比以往困难,但通过运用网络会议等技术,我反而能比以前更加自由地跨越国界和距离,采访到世界各地的乐高公司员工。随着信息技术的进步,采访活动中物理距离的限制正逐渐消失,这是社会的一个很大的进步。

采访乐高公司总部得到了五年多来负责乐高企业沟通的霍阿·卢·特拉贝克、丹尼斯·劳里岑、乐高基金会杨·克里斯蒂安森等人的大力支持。在此,我想向接受采访的乐高公司首席执行官尼尔斯·克里斯蒂安森,以及历任高管和所有乐高公司相关人士表示衷心的感谢。

也要感谢目前我所就职的领英公司。是公司和世界各地的同事一直以来的支持,才让我将酝酿多年的计划实践成形。

本书是在我的许多好友的帮助下完成的。摄影家永川智子女士曾与我多次同行采访。她用自己独特的视角,隔着取景器拍下了几个令人印象深刻的场景。继上一部作品《披荆斩棘的顶级创业公司》之后,钻石出版社的日野直美编辑深入理解了我的想法,精心编辑此书,可以说,她是我的重要战友。经过几番打磨,这次的作品比原稿内容要精良许多。

在危机中涅槃

　　乐高积木的本质价值，至今仍吸引着许多大人和小孩。而这本从经营的角度来描写乐高公司发展历程的作品，也是在无数次的积木组装下诞生的。

蛯谷敏